禅学入門

鈴木大拙

序

大分前に自分が脱ぎ捨てた古草鞋《わらじ》を、再び取り上げて、しかして繕《つく》ろわねばならぬということは、余り面白からぬ運命だと考える。それでも何か役に立つからと強《し》いられて見ると、嫌だとも言えぬので困るのである。因果の理法はいつまでも自分を追求する。自分は、そんなものには、もう頓着しないのだということは必ずしも他の人にあてはまることではないらしい。それで播《ま》いた種子の再検討ということになった。

この篇はもと英文で書かれたものだ。今から考えて見れば、第一次欧洲戦争の真最中であった。その頃日本で宣伝用の英文雑誌、「ニュー・イスト」というのが、英人によりて出版せられた。それに何か書けと言うので、本書の内容の土台となったものを、五、六回続けて寄稿した。その時、編者の英人が一書にまとめて出版しようと言ったけれど、まだその気になれぬので、そのままにしておいた。その後、また出版せよと言うものが、外人の間に時々出たので、昭和九年（一九三四）に京都大谷大学内のイスタン・ブデスト・ソサイエテから発行した。それがこの邦訳の原本である。

英文原本はもはや品切れになった。An Introduction to Zen Buddhism（禅学入門）と名づけておいた。が、第二版の手順にまだならぬ。その後まだ需要があちらこちらから出て来る真際に、独訳がライプチヒ市から出版せられた。ところが不思議に、今回第二次欧洲戦争の勃発す（大解脱）という。表題を Die Grosse Befreiung

まだ一冊の本にならぬ前、「ニュー・イスト」の切り抜きから、邦文に訳して、『禅の真髄』と題して出版したことがある、昭和八年の春であった。これも今は出版屋の瓦解から読者の手にはいるまいと思う。それからそのときの訳文に多少の誤謬もあり、いつかは今一遍手を加えなければならぬと思っていた。ところが、今度大東出版社の需《もと》めがあったので、古田紹欽氏を煩わして、訂正を加えて、自分も一わたり目を通した。しかし古草鞋の繕いたることは依然として免かれぬ。

自分は、年来、東洋文化の宝庫を、その一部なりとも、何とかして泰西人に知らせたいとの念願を有《も》っている。この種の宣伝は東洋人自身の間にも必要であるは勿論だ。ことに近来は「科学」または「科学的」の名で、舶来の思想が、望ましからぬ方面にまで、滔々《とうとう》として侵入し来たるとき、東洋文化の根柢に対する吾らの認識を深め行く必要が大いにある。それと同時に東洋人の経験や思想を西洋人の会得出来るように説述する必要また大いにあることを忘れてはならぬ。それで及ばずながら、十数年来、何かと禅に関する著述を外国文で発表して来た。

近来は我国でも色々の思想方面から禅に対する認識を新たにせんとする企てもある。誠に結構だ。が、禅はまず経験せられて、それから思想的、知的に表現せられねばならぬ。単なる知的研究では、どうも肯綮《こうけい》にあたらぬ気がする。もとよりそのなかには、甚深な哲学的洞察力で、別に禅とは言わぬが、その体験を組織せんとする人も一、二はある。これははなはだ喜ばしい。何とかしてこの思想系統をますます発展させたい。

この一小篇は前記のごとく二十何年前のもので着古しに相違ない。今読み返すと、少し足らぬと思うところのあることは言を待たぬ。ただ大体において大過ないと信じて、このまま発表する。今改めて執筆すれば、もとより新たな表現、説述が可能だが、それは追々にやるつもり。

昭和十五年晩夏

鎌倉の一草庵にて

鈴木大拙

目次

序……3
緒　論……11
禅とは何か……22
禅は虚無主義か……40
非論理的なる禅……57
大肯定の禅……71
実際的の禅……86
悟り——新見地の獲得——……111

公　案……129
禅堂と僧侶の生活……174
解　説……田上太秀……201

禅学入門

緒論

仏教は、その発達の課程において、いわゆる原始的または根本的といわれる形態を離れて、特殊のものとなるようになった。この特殊性がすこぶる目につくので、歴史的に見て、仏教を大乗と小乗との二つに区分するのが適当である。大乗はその形態において種々雑多ではあるが、畢竟《ひつきよう》ずるに、仏教の発展したものに過ぎぬので、その源泉を尋ねると、小乗と同様に、印度《インド》の聖者大釈迦牟尼仏《だいしやかむにぶつ》に到達するのである。この発展性を無限に備えた大乗仏教が支那へ渡り、日本へ渡りて、ますますその傾向を強調した。それは疑いもなく支那、日本、それぞれの国における精神的優秀な指導者によりて成就《じようじゆ》せられたものである。彼らはよくいかにして彼らの信仰の原理を、生活情態の転変性と各民族の宗教的要求とに順応させることを知悉していた。かくのごとく順応と発展の努力が続けられるに従って、大乗仏教といわゆる原始的なる小乗的形態との隔離はますます広く深きものとならざるを得なかった。

大乗仏教の現状を探究して見ると、とにかくその表面上の形態と組織においては、根本的仏教なるものと、大いに逕庭《けいてい》あることを認めざるを得ないのである。

しかしこのためにこの派の仏教が原始仏教の一般に理解されるような意味において真に仏教ではないと言う人々があるが、しかし私の意見は、およそ何物にまれ、生命を包蔵するものは有機体であり、またその生存が決して同一状態にとどまらぬのが一特性であるということである。一個の鈍栗《どんぐり》は、かの雄大な空に聳《そび》えている樫《かし》の大樹とは全然異なっている。否、大樹のみならず、ようやく外殻を破って出たばかりのか弱い芽生でさえも、はなはだしく趣を異にしている。しかしこうした変化の諸相の間にも、そこには成長の連続と、また明らかに同一物なることの特徴が窺われるのであって、かくて吾々は同一の植物がかくも多くの発展的段階を通過し来たったこととの事実を知ることが出来るのである。いわゆる原始仏教なるものは一個の種子であり、その種子からさらに一層の成長を約束するところの東方の仏教が生まれ出たのである。学者は歴史的仏教を説くであろう。しかし私の問題は、ただにそれの歴史的発達ばかりでなく、一層深刻に吾々の生命と関係する点から東方における潑溂たる精神的感化力としての仏教を見ようとするのである。

支那・日本に発達した仏教の諸派のなかに、仏教の精髄と精神とを、直接その創始者より相伝するものであると主張する、特異の僧団がある。それは何らの秘密文書にも依らず、または何らの神秘的な儀式をも用いない。仏教諸派のなかで最も顕著なる存在である。それはただにそれが歴史的に重要であるというにとどまらず、最も独創的であり、かつその提唱の方法が刺戟的であるということによるのである。これの学問的名称を仏心宗といい、普通に禅（支那音 chan、梵語 dhyāna）として知られているものである。禅が禅那《ぜんな》と同一でないこと――これは梵語の支那音訳に過ぎないが、それは後章に述べることとする。

この一派は一般宗教史上にあって、色々な面で無比の地位を占めている。その教義は、理論的に言うならば、思索的神秘主義とでも言うべきであろう。しかしこの教義は秘伝を受けたる者、すなわち永い間の訓練の後にようやくこの体系に洞察を得たる者にのみ、その窮極の意義が表示されるものとされる。この洞察的知識を獲得していない者、すなわちその日常の実生活において禅を体験していない者には、禅の教訓言句は真に奇妙な、不可思議な、また曖昧《あいまい》な見方のものとさえなってしまうのである。そうした人々は禅に対して多少概念的な観察を下して、これを全然不合理な、ばかげたものと考えるか、しからざれば外部の批評家に対して、その顕然たる深味を保護せんがために、わざと不可解なものにしてしまうというのである。しかし禅の信徒に対してその逆説的な提唱は禅を曖昧の裏に隠しておこうなどの技巧ではなくて、しかもただ不思議にも、人間の言葉が禅の深遠な真理を表明するには不適当な器官であり、かつ禅は論理的解釈の問題ではない。ただ人の奥深い心の底において経験される時はじめて理解されるものであるからである。事実人類の経験範囲では、かつて人生経験のいかなる方面よりなされたところのものよりも禅以上に直截《ちょくせつ》簡明な言葉はなかった。「石炭は黒し」これは単簡《たんかん》極まるものである。しかるに禅は「石炭は黒からず」と抗議する。しかもこれまた明瞭極まるものであるのである。すなわちその真理に徹底するならば、恐らく前者の積極的主張以上により明瞭であろう。

このゆえに禅にあっては個人的経験を以て一切とする。経験の背景がない人々にはいかなる理念も了解できない。これは日常見るところの平凡な事実である。赤子は思想を持っていない。それは心的機能がいまだいかなるものをも思想に依って経験するまでに発達していないからであるが、仮に思想を持っていたとしても、それは異常に不鮮明、かつ曖昧なもので、事実とは不一致のものに相違ないのである。

ゆえに一物について最も明瞭、かつ確実な理解を得ようとすれば、それは必ず個人的に経験さるべきである。特に人生に関係し来たるときにおいて個人的経験が絶対的に必要なものである。この経験なくしてはいかに深遠な働きといえども正確にしかも有効に捉え得ないのである。すべての概念の基礎は単純、かつ偽《いつわり》のない経験であって、禅はこの基礎経験に最大の強調をなすのである。それの周囲には禅が「語録」として知られている文学のなかに見出される措辞や、概念上のすべての足場がおいてある。この足場は最奥の実在に達する最も有用な手段となるけれども、端的に言えば、それはいまだ労作技巧であるに過ぎない。それを最後の実在と思って摑《つか》むときに、それの全意義が失われてしまうのである。人類の悟性は、外部建築には余り信用を置かぬことを強要する。神秘化は禅それ自体の目的とするものから縁の遠いものであるが、いまだ生命の中心事実に触れていない人々に対しては、禅は人をただ神秘化するもののように思われるであろう。しかしこの概念的の外部建築を突破してしまえば、神秘的とのみ思われたものはたちまちに消散して、同時に「悟り」として知らるところの明覚となるであろう。

ゆえに禅は最も熱心にこの内部の精神的経験を主張するのである。禅は経典や、経典に対する名僧知識の釈義に対しては、本質的にこれを重要視するものではない。個人的経験が権威と客観的天啓に対して強硬に対立している。そして精神的明智を得るに有効な方法として、禅修行者は普通に日本にては坐禅として知られている禅那の実行を提唱するのである。

ここで前述の禅の基礎的経験であるところの精神的洞察を得んがために行われる禅宗徒の組織的訓練について少しく述べなければならない。なんとなれば禅はこの点において他の神秘主義とはずばぬけて著しくその形態を異にしているからである。大抵の神秘主義者にはこうした強い個人の精神的経験は何か人事とは没交渉な、特発的な、または不意に生起するところのものとされている。基督《キリスト》教徒は祈禱、あるいは禁慾、あるいは瞑想を以てこれを受ける手段として用い、それの成就については神の恩寵に委ねて置くのであるが、仏教徒はこうした超自然の働きを認めない。ゆえに禅の精神的訓練方法は実際的で、かつまた組織的であるのである。支那における禅の歴史には当初よりこの傾向がよく現われていたが、時の経つにつれて規律正しき組織が現われて来て、今日禅宗はその目的のために完全な手段方法を具備するに到った。ここに禅の実際的真価があるのである。禅は一方において高度に思索的であると同時に、また他方において方法の正しい訓練は、道徳上にもまた豊富な、そして有益な結果をもたらしている。吾々は時に日々の実践的生活の事実のなかに顕わされている禅の抽象的性格を忘れるのであるが、そこに却って禅の真の価値が窺われるのである。すなわち禅は単に一本の指を上げたり、または路上で友人に「お早う」と挨拶したりする程のことにも、言葉に顕し得ない深い思想を見出すのである。禅の眼を以てすれば、最も実際のことが、最も意味深長なのである。禅の採用する訓練上のすべての組織は、この根本的経験の結果である。

私は禅は神秘的であると言ったが、禅が東洋文化の基調であると見るからには、これは避け難きことで、これが西洋人をして東洋精神の深さを充分に会得し能《あた》わざらしむる所以《ゆえん》のものである。すなわち神秘主義の性質その物が論理的解剖を拒絶するからであり、また論理は西洋思想の最も顕著なる一特徴であるからである。東洋は推理の方法において綜合的で、個々について一々努力するよりは、むしろ直覚的に全体を摑もうとする。ゆえに東洋の精神は――今そんなものが実在するときめてかかっても――それは必然的に不定漠然たるものであって、門外漢には容易にその内容を示す索引を持たない。今眼前に一物が横たわっている。それは吾々が無視することの出来ぬものであるが、しかも一度びそれを手にして、一層綿密また、一層組織的の検査を遂げようとすれば、禅は逃れてその影を没する。禅には癪《しゃく》にさわる程回避的のものがある。無論これは東洋精神の組織は他のものの穿鑿《せんさく》を忌避せんとして、意識的に、故意に行うところの詭計《きけい》によるものではなく、いわば穿《うが》ち難いということ、そのことが、東洋精神そのものの根本的条件になっているからであって、東洋を理解するには、まず神秘を理解してかからねばならない。ここに禅があるのである。

しかし神秘主義には種々の形態がある。合理的と非合理的、思索的と暗示的、常識的と空想的などいうべきものがあることを記憶しなければならない。私が東洋は神秘的だと言うのは、それは空想的で、非合理的で、全然知的理解の範囲を逸脱したものを言うのではない。東洋の精神には何か静寂、安詳《あんじょう》、沈黙、幽玄、そして永遠のなかにまさに見られると思われるようなものがあると言うのである。しかしこの安詳と沈黙とは断然怠惰と不活動を指すのではない。沈黙とは、かのすべての生物の刈り取られてしまった砂漠のそれでもなければ、また永久の眠りと硬化に陥った屍体のそれを言うのでもない。すべての対立と条件とが埋没し去られた「永遠の深淵」である。それは神――過去、現在、未来の仕事について深い黙想に耽《ふ》けり、静かに絶対的一、絶対的全の王座に着坐するところの――神の沈黙である。

これはまた、相反する電流の閃光と轟音の最中に得られるところの「雷鳴の沈黙」である。こうした沈黙が東洋のすべてを貫いている。禍《わざわい》なる哉《かな》、これを廃頽と死の相とする者は。彼らはやがて永遠の沈黙より出ずる活動の大爆発に依って覆滅されるであろう。私が東洋文化の神秘を語るのはこの意味においてである。しかして私はこの種の神秘主義の教養を以て、主として禅の感化に拠るものであると断言して憚らぬものである。いやしくも仏教が東洋に発達して、人々の精神的要求を充《み》たさんとするならば、それは必ず発達して禅とならねばならない。印度人は神秘的である。しかし、彼らの神秘は余りに思索的、余りに黙想的、そして余りに複雑である。さらに彼らは吾々の住んでいる個々の実際の世界については、何ら切実な関係を持っていない感がある。これに反して東方の神秘は直接で、実際的で、また驚くべき程簡単である。禅そのものである。

支那並びに日本における禅以外の仏教には、紛れなく印度的根源が看《み》られる。その形而上学的複雑と、冗長なる措辞と、高度に抽象的な推理と、物の真相に透徹する洞察と、人生に関する包含的な解釈とは、克明に印度的であって、全然支那や日本のものではない。これらは東方仏教を知る者がすべて一目して看取し得るところのものであろう。例えば見よ、真言宗に依って行わるる極端に複雑な儀式や、宇宙の説明のために用いられる「曼荼羅《まんだら》」の驚くべき組織を。かくのごとき錯雑せる哲学網は、まず印度的思想の影響なくしては、支那人や日本人の精神には考えられないであろう。次にいかに中観《ちゅうがん》や天台や華厳の哲学が思索的であるかを見よ、それらのなかに見らるる抽象性と論理的透徹《ロジカルアキュメン》には真に驚くべきものがある。しかしこの事実はすべて東方の仏教が竟《つい》に輸入品であることを示すものである。

しかるに仏教の一般分野を視察して、再び禅に帰り来たれば、吾々はその単純と、直接と実際主義的傾向と、しかしてその日常生活との交渉の密接なることは他の仏教諸派に比するに、はっきりして対立をなしていることを認めざるを得ないのである。禅の主要思想が仏教より派出したものであることは無論のことで、またそれが後者よりの正統の発達であることを思考せざるを得ないのであるが、しかしこの発達は極東の人々の特異なる心理の性格と合致すべく遂げられたものであった。すなわち、仏教の精神は実際的な人生の修行のために高い哲学的な上構を捨てたのである。その結果は遂に禅とならざるを得なかった。ゆえに私は敢えて言う、禅においてすべての哲学や、宗教や、また東洋人の人生観そのもの――特に日本人の生活そのものが組織されて、否、むしろ具象化されているのを発見するのであると。

禅とは何か

禅の意味についていささか詳細の説明に入る前に、禅の真髄に関する批評的質問の二、三に答えておくこととする。

禅とははたして仏教徒の色々の教訓に見るような、高尚深遠な知的、形而上学的な哲学体系であるであろうか。

私はすでに緒論において、禅にはすべての東洋哲学の結晶が含まれていることを述べた。しかしそれは普通の意義において禅が哲学であると言うのではない。禅はまったく論理や分析の上に築かれた哲学ではないのである。いずれかと言えば、禅は論理の正反対である、すなわち論理は思考の二元的様式を具《そな》えたものである。が、禅は心の全部であるから、禅のうちには知的要素があるとも言えるが、心とは多数の機能に分割されたり、または解析の終わった後に何物も余さぬような合成物ではないのである。禅は知的分析の方法に依っては何ら吾々に教えるところなく、またその教徒に課するに何か規定せられた教理なるものをも持っていない。この意味で禅は無秩序であるとも言える。禅教徒は一、二の教理を持っていることもあろうが、それらは皆自分の便宜のためであって、禅そのものから出たものではない。ゆえに禅には聖典とか、独断的教義とかいうものはなく、あるいはまた禅の意義が徹底せしめられるような象徴的な様式などもないのである。しからば禅は何を教えるかと問うものがあれば、私は答える。禅は何物をも教えないと。禅にある教訓が何であっても、それは皆人々自身の心から出るものであって、禅は単に道を示すに過ぎない。もしこの道を示すことが教訓と言うなら、そんな教訓はある。そのほかには基本教義として、あるいは根本的哲学として、ことさらに設けられたものは、禅には全然ないのである。

禅は自ら仏教であることを主張する。しかし経典や論釈やのなかに示されているような仏徒の教訓は、これを禅より見れば知識の塵を拭うための一片の反古《ほご》に過ぎぬのである。しかしこれを以て禅を虚無主義と思ってはならぬ。すべての虚無主義は自己破壊であって、何らの目標も具えていない。否定主義は方法としては健全であるが、最高真理は肯定にある。今禅には哲学無しと言い、すべての教義的権威を否定すると言い、すべてのいわゆる聖典なるものをつまらぬものと言う時に、それは禅がこの否定の行為のうちに何かまったく積極的な、また永久に肯定的な物を提示していることを忘れてはならぬ。このことは後に明らかにするであろう。

　禅は宗教であるか。これが一般に考えられるような意味では、それは宗教ではない。禅には拝すべき神もなく、守るべき儀式もなく、死者の行くべく定められた未来の住家もなく、さらに最後に、何人《なんぴと》かによってその幸福が保障されるであろうような霊魂なるものもないのである。禅は全然これらの独断的な、そして「宗教的」という邪魔物から自由である。禅に神なしと言えば、敬虔な読者は驚くであろうが、これは禅が神の存在を否定するというのではなく、否定も肯定も禅の関知するところではないのである。一物が否定さるる時、その否定は何物か否定されざるものを含んでいる。肯定についてもまた同じことが言い得られる。これは論理上避け難きことであるが、禅は論理の上に出《い》でんと欲する。反対の無き、より高き肯定の発見を希《ねが》う。ゆえに禅にあっては神は否定もされなければ、主張もされない。ただ猶太《ユダヤ》人や基督《キリスト》教徒によって考えられてきたような神がないというだけである。禅が哲学でないのと同じ理由で、また宗教でもない。

　禅寺にある仏陀《ぶつだ》や、菩薩や、諸天師やその他の仏像は、木や、石や、金属の陳列のようなもので、あたかも私の庭園に咲く椿や、躑躅花《つつじばな》や、石燈籠のようなものである。禅は言うだろう、御好みならば、今を盛りの椿の花を拝まれよと。何となればかくするところに、仏教の神々を拝んだり、浄水を注いだり、基督教の聖餐に列したりするほどの宗教があるからである。いわゆる宗教心を持つ人々の多くによって有功徳《うくどく》とされ、あるいは神聖と思惟されるところのこれらの敬虔なる行為も、禅の眼を以てすれば、すべて皆人工的である。禅は大胆に告げる、清浄《しょうじょう》の行者涅槃《ねはん》に入らず、破戒の比丘《びく》も地獄に落ちずと。このことは普通の考え方によれば道徳的生活における習慣法の矛盾であるが、ここに禅の真理と生命とがあるのである。禅は人の精神である。人の内的純潔と善とを信ずる。それに何物かが加えられ、またそれから何物かが剝ぎ取られても、禅の精神の完全を毀損するのである。ゆえに禅は断乎《だんこ》としてすべての宗教的伝統主義に反抗するものである。

しかし禅の無宗教なるは、単に外観に過ぎない。真に宗教的である人々は禅の奔放自在なる宣言のうちに、宗教が多く存することに驚くであろう。禅を以て基督教や回々教の意味での宗教とすることは、それは誤っている。この点を明らかにするために私は次の一例を挙げる。釈迦牟尼が生まれた時、彼は一方の手で天を指し、他の一手で地を指して「天上天下唯我独尊《てんじようてんげゆいがどくそん》」と叫んだというが、禅の雲門《うんもん》派の開祖、雲門文偃《ぶんえん》（八六四―九四九）はこれを評して言った、「もし私がこれを叫んだ時にいたならば、私は彼を一撃の下に殺して、その屍体は飢えた犬の胃の中に投げ与えたであろう」と。精神的指導者に対して、いかなる無宗教者といえどもかかる気の狂った批評は発し得ないであろう。しかも禅の大家の一人は雲門に追従して言った「実にこれこそ雲門がすべてのもの――身心――をも捧げて世に仕えんとする雲門の態度である。彼の仏陀の愛に対する感謝の念はいかばかりであったろうぞ」と。

禅は「新思想《ニューソート》」の人々や、クリスチャン、サイエンティストや、印度教の苦行《くぎよう》主義者等の一派がなすような瞑想の一類型と混同してはならない。禅によって考えられる禅那《ぜんな》は禅において行われているような実践と符合するものではないのである。ある者は禅の修行中に宗教的哲学の問題に耽《ふ》けることもあろうが、それは偶然事であって、禅の本質は決してそこにはない。禅は洞察によって心の本性に達し、心そのものを見出し、自ら心の主となるを目的とする。この心または精神の真性に到達することが禅仏教の根本目的であるのである。ゆえに禅は普通瞑想や禅那以上である。禅の修行は実在の理由を達観せんがために人の心眼を開くところにある。

瞑想に入るには想を何物にかつけることでなければならない。たとえば神の唯一性とか、神の無限の愛とか、あるいは物の転変性とかに心をつけなければならぬのである。しかるにこれこそ禅が極力避けんとするところのものである。もし何か禅が強調するものがあるとするならば、それは何にも拘《こだわ》らないことである。すべての不自然の妨害からの離脱である。瞑想とは単に人為的につけられる何物かで、心本来の活動ではない。空の鳥は何を瞑想し、水中の魚は何を瞑想するか。ただ飛び、ただ游《およ》ぐ、それだけで充分ではないか。この上に、誰か神人合一を希《ねが》いあるいは人生の虚無を希うものがあろうぞ。誰か日々の活動の状態のうちにあって、この上に尚も、神の慈愛とか、地獄の火などを瞑想して、心を惹くものがあろうぞ。

基督教は唯一神教的であり、ヴェーダンタは万有神教的というとも、吾々は禅について同様の断定を下すことは出来ない。禅は唯一神教的でもなければ、万有神教的でもなく、すべてこうした名目を拒否するものである。従って禅には想を集中すべき対象がない。それは空に漂う雲である。留めるに釘なく、捉えるに紐なく、好むがままに流れて行く。いかに瞑想しても禅を一個所にとどめておくことは出来ぬ。瞑想は禅ではない。万有神教も、唯一神教も禅に対して集中の題目を提供しないのである。もし禅が唯一神教であるならば、それは信徒に対して、すべての差別と不平等とが、神の光の輝きのうちにつつまれて、消え去るであろうところの一物を瞑想するように告げるであろう。もし禅が万有神教であるならば野の雑草が神の栄光に照り映えているという風に言うであろう。しかも禅は言う、「万物が一物に帰した時にはその一物はまたはたして何処《いずこ》へ帰するであろうか」と。禅は人の心の何にも拘りなく煩《わずら》わされないことを求める。全一の考えでさえも精神本来の自由を脅かす障碍《しょうがい》となり陥穽《かんせい》となる。

それゆえ、禅は一疋の犬、三斤の麻が神であるとする考えに、想を集中せよというものではない。禅が想の集中であれば、それは哲学の定則に従うことであって、もはや禅でないのである。禅は火を温かく、氷を冷たく感ずることである。寒き日には吾々は震えるし、火に親しむ。ファウストは感じが一切であるという。すべて理論は真実に触れることの出来ぬものである。しかしながらここに感ずるということは、最も深いしかして最も純粋な意味で解されねばならない。これが感じであると言ってさえ禅はもはやない。禅はすべて概念化することを忌む。これが禅の捉え難き理由である。

されば禅の提唱するところの瞑想は、すべて物をありのままに見ることであって、雪はいつも白く、鳥はいつも黒いとするのである。吾々は瞑想を口にする時に、普通にこれを抽象的のものと解している。すなわち瞑想とは、常に具体な人世の事柄とは没交渉で、高く一般化された命題の上に心の集中を計るものとして知られているのである。

禅は知覚しまたは感覚したりするが、抽象や瞑想をしない。禅は浸透没入し了《おわ》るのである。没入も正しくない、何となれば没も入も畢竟《ひっきょう》ずるに、二元的だからである。但し今は暫くそう言っておく。

しかるに一方瞑想はまったく二元的で、結果としてどうしても徹底的でない。一批評家（ロイド著 Wheat among Tares 五三頁参照）はこれを「セント・イグナチウス・ロヨラの精神的修行に対する仏教的複本」となしている。ロイドは仏教のうちに何か基督教的類似を極力見出さんとした人である。これはその例の一つであるが——禅について明確なる判断をなした者はロイドのこの比較にははなはだしき距《へだた》りのあることを解するであろう。浅膚な観察を以てするも、なお禅の修行とこの耶蘇《ヤソ》協会の創立者によってなされた提唱との間には類似の片影だになきことが解るのである。

聖イグナチウスがいわゆる瞑想と祈禱とは禅の見解からすれば敬虔なる信徒のために丹念に織り出だされた、幾多空想上の捏造物に過ぎず、それは幾重にも積まれた頭上の瓦のようなものである。そこに精神生活の真価はないのである。しかしこれらの精神的修行が五停心《ごじょうしん》とか九不浄観とか六随念とか十遍処《じっぺんじょ》とかいったような小乗仏教の観法に多少似通った点のあるのは興味あることだ。有名な『日本の宗教』の著者、グリッフィスは禅を以て心の殺戮または怠惰な瞑想的耽溺を意味するとしている（二二五頁）。私は彼が何を言っているか知らないが、「心を殺す」とは、恐らく禅が一物に心を集中したり、睡《すい》に引き入れたりして、その活動を殺すことを言ったものであろう。ライシャウアー氏もまたその著『日本の宗教研究』（一一八頁参照）中に、禅を以て神秘的自己陶酔と断定して、グリッフィス氏の見解を裏書している。彼は禅を以てスピノザが神に酔っていたように、いわゆる「大我」に酔うことを意味したのであるか。ライシャウアー氏の言うところの「陶酔」とは意味するところ明瞭を欠いているが、彼は禅を以てこの個物の世界の最後の実在としての

「大我」にはなはだしく没入することだと考えているのかも知れない。

かくのごとく禅の無批判な観察者のある者の浅薄なることは、真に驚愕するほかはないのだ。禅は殺戮すべき心を持たないし、心の殺戮は禅にはない。禅はまた吾々が隠家《かくれが》として執着するような自己なるものを持たない。事実、禅はその外観上非常に捉え難いものであり、一瞥し得たと思った時にはもうそこにはないし、それに近づいたように思われても、その近づきは前よりも一層遠ざかったものにすら見えるのである。禅の根本義を理解するにも数年の熱心な研究をつづけるにあらざれば、たとい大略といえども、公平な観察は得られないのである。「神に昇るの道は、自己に降ることである」とは、ユーゴーの言葉である。または「神の深きを探らんとすれば、すべからく汝自身の精神の深きを探れ」と、これはセント・ヴィクターのリチャードの言である。

すべてこれらの深いものが探し出された時にはもはや自己はない。降ることが出来るところには精神も無く神も無い、その深さは測り知られるのである。しかし禅は、どうしたことか、底方《そこい》なき深淵である。やや異なった仕方からではあるが、禅は言う、「三界《さんがい》には何物もない、何のところに心を求めんとするのか。四大《しだい》は畢竟空である、何のところに仏を見んとするのか。しかも真理は汝の目前に展開しているではないか。この真理以上に何物もない」と。一瞬も躊躇すれば、禅は永久に失われる。過去、現在、未来のすべての仏陀が、再びそれを得させようとしても、禅はすでに遠く去って千里の外にある。「心の殺戮」も、「心頭の滅却」も、「自己陶酔」も、まことに結構だが、されど禅はこうした批判などに心を煩わすべき余裕を持たない。

ある批評家は、禅を以て催眠術によって無意識状態に陥入った心を意味するものとするかも知れない。心がかかる状態にある時には――たといそれが何んであろうとも――空の中に消滅し去って、主体が、客観の世界をも、また自らをも意識せぬところに、仏教徒得意の空観《くうがん》が実証されるのであると。この解釈もまた禅をはずれている。禅にこの種の解釈を暗示するような二、三の表示があるのは事実であるが、吾々は禅を理解するには、さらに一歩を踏み出さねばならぬものである。すなわちこの大空は横断されねばならない。もし彼が生き埋めにされているのなら、主観は無意識の状態から呼び醒まされねばならない。「自己陶酔」が棄てられ、酔っぱらいが本当に一層深い自己に目覚まされる時においてのみ、禅を会《え》することが出来るのである。もし心が「殺さる」べきであるならば、「それをやるのは、禅に委《まか》しておけ。殺害されて生命なき者を、永遠の生命ある状態に蘇《よみがえ》らすのが、禅だからである。再び生まれよ、夢より醒めよ、死より起きよ、オー汝、酔っぱらい奴《め》」と、禅は叫ぶであろう。盲目の眼を以て禅を見てはならない。それを摑《つか》むには汝の手は余りにも不確実である。しかして記憶せよ、余はいたずらに綺語を好む者にあらざることを。

こうした批評は、なお枚挙に遑《いとま》のない程であるが、今禅について以下さらに積極的に語ろうとするに当たり、まず以上を以て読者の心は充分に準備されたであろうことを望む。さて禅の基礎的思想は吾々の心の内的活動との接触であるが、それは外的附加物の何物にもよらず、能《あた》う限り最も直接の道を選ぶべきである。ゆえに永遠の権威に類似のものがあればすべてこれを拒絶し、ひたすら自己の存在の上に絶対の信仰を置くことであるというのは、いかなる権威も禅の中にあっては悉《ことごと》く皆内より来たるものであるからである。これは最も厳密なる意味において真理である。禅にありては、推理機能といえども究竟、また絶対のものとは思われていない。却ってそれは心がそれ自体との最も直接な交通を行うに際して妨げとなるものである。知能は仲介として働く時にその使命をはたすが、禅は自己と他との交通を希う時以外には、全然仲介を要しない。この理由ですべての経典は単に仮説的のまた一時的のものたるに過ぎず、それには終局の目的はないのである。生きているままの生命の中心事実こそ禅の摑もうとするところのものである。しかしてそれを最も直接な、また最も真剣な方法で摑むのである。禅は仏教の精神であることを自ら告白する。しかし事実それはすべての宗教と哲学の精神であるのである。禅が徹底的に理解される時に、心の絶対の平和が得られて、人は各々正しき生活を営むに到る。それ以上に吾々は何を求めようか。

ある者は言う。禅は明らかに神秘主義と見られているから、これを宗教史上において無比とは言えぬと。あるいはそうであろう。しかし禅はそれ自体の理由による神秘である。太陽は輝き、花は咲く。今通りで誰かが叩く太鼓の音が聞こえる。この意味で禅は神秘である。もしこれらが神秘であるならば、吾らの生活そのものは神秘で充ち溢れている。ある時禅の師匠が、禅とは何ぞやと訊ねられた時、彼は即座に答えた、「汝の日々の心」と。明らかな答ではないか。禅には宗派心がない。基督教徒といえども仏教徒と手を携えて、あたかも大魚と小魚とが大海にあって共に睦まじく棲んでいるように禅を行うことが出来るのである。禅は大海である、空気である、山である、雷と稲妻とである。春の花、夏の熱、しかしてそれは冬の雪である。否、それ以上である。すなわち人である。あるいは禅に儀式があり、因襲があり、長い歴史の間に積まれて来た附加物がある。しかし禅の中心事実は活きている。禅独特の長所はそこにあるのだ。すなわち吾々はなお何物にも偏しなくてこの窮極の事実のうちに直視することが出来るのである。

すでに前にも述べたように、何が禅をして日本にあるような無比のものとなしたかと言えば、それの組織立った心の訓練である。普通の神秘主義は余りに不定的な産物で、吾らの日常生活とはまったくかけ離れたものである。禅はこれを改革したのである。青空にさ迷っていたものを、禅は地上へ引き降したのである。禅の発達とともに、神秘主義は神秘主義でなくなってしまった。それはもはや異常ある心の発作的の産物ではなくなった。すなわち禅は日常生活そのものの事実を認めることによって、最も平凡な、そして最も平穏な、普通人の生活裡に現われているからである。禅はこの事実を見せるために人の心を組織的に訓練する。日々また刻々に、行われるところの最大神秘に対して人の眼を開く。また人の心を開いて、移り行く瞬間毎に、時間の永遠と空間の無限を抱擁せしめる。そして人をしてエデンの園を行くがごとくにこの人世を楽しませる。これらの精神的功績は何らの教理に頼らずして達成され、最も直接の方法に訴えることによって吾々のなかに存する真理に達成するのである。

禅はともかく実際的であり、平凡である。そして溌溂として生きている。昔のある禅師は禅が何であるかを示すために一本の指を挙げた。また他の禅師は毬《まり》を蹴ったり、ある者は質問者の顔を平手で打ったりした。もし吾々のなかに潜んでいる内面の真理がかくのごとくして示されるならば禅は他の宗教によるよりも、この上もなく実際的であり直接的な精神修養の仕方ではないか。またこの実際的な仕方が最も根本的な仕方ではないか。禅は人生の溌溂たる事実以外は問題にしないのであるから、根本的であり創造的である。概念的に考えるならば、一本の指を挙げることは、個々の生活における最も普通な偶然のことの一つである。しかし禅の見解からすれば神のごとき崇高な意義と創造的な生命をこれに感ずるのである。禅が世間的な理窟の多い暮らしのなかにこの真理を指示する限り、それの存在の理由があるのである。

次に引用する圜悟《えんご》（克勤《こくごん》・一〇六三―一一三五）の言は、ある程度迄本章の「禅とは何ぞや」の問に答えるものである。「禅は汝の面前に放擲せられてある、この一瞬時に一切が汝の手に引き渡されている」と。聡明なる者は真理を悟るに一言で足りる。しかしそれでも誤りはすでに入って来る。まして文字、饒舌、理窟が用いられる時において、それは吾々からますます遠く離れ去るのである。禅の大真理は誰でも持っている。自己を顧みよ、しかして他人を通じてそれを求むるなかれ。汝の心はすべての形態を超絶するものであり、煩いのないものであり、静寂であり、また充足している、永久に汝の六感官と四大に印せられてある。すべてがその光のなかに吸収されている。主観と客観の二元論を倶《とも》に沈黙せしめよ、両者を忘れ、理智を越え、悟性を断ち、そして直接に深く仏陀の心に浸入せよ。これをほかにして実在はない。ゆえに菩提達磨《ぼだいだるま》が西より来たりし時に言った、「われは汝の心そのものを直指する、わが所示は独自のものであり、教説に囚われぬ、これを伝授せんとするのがわが西来の真意である」と。禅は文字も、言葉も、また経典をも用いない、ただ直截に真そのものの核心を摑み、以てそこに安住の地を求めることを勧める。心が乱れている時には、悟性が起こり、物が見え、想念が湧き、魔精のものが呼び出され、迷執が蔓延する。かくて禅は永久に失われて、遂に再び吾々に帰り来たらぬであろう。

石霜《せきそう》（楚円《そえん》）禅師《ぜんじ》は言った、「汝の心のあえぎを止めよ、汝の唇にかびを生ぜしめよ、汝の心をして白く練り上げられた一条の絹地のごとくせよ、汝の思念をして永遠そのもののごとくならしめよ、死灰のごとくならしめよ、冷たく生気なきものとならしめよ、またさらに荒れはてた寒村の廟の香炉のごとくならしめよ」と（これは寂滅無為《じゃくめつむい》と言う意味ではない）。

「ただ素直に汝の純なる信仰をここに置いて、この通りに修行して見よ。一度び汝の心身をして木石に等しき無生の物体のごとくに変えて見よ。かくて完全の不動と無想の状態が得らるる時に、すべての生命の影、すべての限界の跡は汝を去って、遂にその一片をだもとどめざるに到るであろう。一つの想念のあって汝の意識を擾《みだ》すことなきに到らば、見よ、この無想定《むそうじょう》裡よりして、突如として、汝は歓喜に溢るる光明を見出す。それは闇黒裡に燈火を得たるもの、また貧苦にいて財宝を得たようなものである。四大《しだい》と五蘊《ごうん》とはもはや汝の重荷にあらず。軽く、易《やす》く、伸び伸びとしていることが出来る。すなわちここに汝の存在はすべての限界より放たれ、汝は開けて光と透明とになったのである。汝は物の実相のうちに、それは手では摑めない実在の霊華のように見える輝かしさを洞察し得たのである。ここに汝の本来の面目たる真我が顕わされており、汝の本地の風光が示される。そして遥か向こう迄見透しのよい直《なお》き一筋の道が開けている。それは汝が汝の身と命と、また汝の最奥の自我に属する物すべてを投げ出した時に、そうであるのである。そこに汝の平和と、安楽と、無為と、そして言い知れぬ喜悦とがある。すべての経典も論釈も畢竟この事実のための存在に過ぎぬのだ。古今の聖人がその智《ち》嚢《のう》と想像力を傾倒したのも、まったくこの道を示すことにほかならなかった。それはあたかも宝庫の扉を開くにも等しい。入口が一度び開かるれば、そこにある物、すべて皆汝の有である。あらゆる機会は汝の取るに委す。何となればそれらの宝は、その多きを問わず、悉く汝の本然の真我の裡《うち》に得らるべきものであるからではないか。今やそれらは汝の来たり楽しみ利用するのを待っているのだ。これすなわち一度び獲《え》たものは永遠に獲たものである、時の最終に至るまでも——しかしそこには本当には何ものも獲られたのではない。有得底は畢竟無所得である、これがすなわち真の所得である」

禅は虚無主義か

禅宗史において伝統的に禅宗の六祖と言われている慧能《えのう》（六三七―七一二）は、重要な人物である。事実、彼は当時の支那仏教諸派のなかにあって特異なる一派禅宗を立てた開祖と言ってよい。彼が禅宗信仰の真の告白として立てた標準は次の一句によく表わされている。

「菩提本樹無し、明鏡また台に非ず、本来無一物、何のところにか塵埃を惹かん」

これは彼が自ら禅の真信仰を把握し得たりとする、一禅僧神秀《じんしゅう》（六〇五頃―七〇六）の次の所見に答えたものであった。

「身は是《これ》菩提樹、心は明鏡のごとし、時々に勤めて払拭せよ、塵埃を惹かしむるなかれ」

両人は共に五祖弘忍《ぐにん》（六〇一―六七四）の弟子であった。弘忍は慧能を以て禅の精神を解し、かつ彼の衣鉢《いはつ》を嗣ぐに足るものとなしていたのである。教祖のこの印《いん》可《か》は禅の正統派的信仰の告白として慧能の詩に表わされているが、一見虚無の精神を伝えるかに思わるるところから、世上多く禅を以て虚無主義にくみするものとなすに到った。この章の目的はその論駁である。

禅文学の中に虚無の教理、たとえば「空」の説を伝うるものと思考し得られる個処のあることは事実である。一般大乗仏教の教義に精通せる学者のなかにおいてさえ、ある者は禅を以て中論学派として知られている「三論」哲学の実践的応用であるとの見解に執着する者もあるのである。三論とは龍樹《りゅうじゅ》の中論と、十二門論と、提《だい》婆《ば》の百論とであって、いずれも「空」論の主要教理を成すものである。龍樹はその創立者と言われる。大乗経典としては般若経《はんにゃきょう》の名で分類されて似たような説であるからこの派の哲学は般若教義と同一であると見なされることもある。ゆえに禅を以て全然この部類に属するものと思っている。換言すれば、禅の究極の意義は「空」論的体系を主張するものと考えているのである。

この考えはある程度迄は、少なくとも皮相的には、正当であるとも言える。たとえば次の句を見よ、一弟子が師に「私は仏教の真理を求めんとして来た、いかが致すべきや」と問うた。

師は「汝はここに来て何を求めんとするのか。汝は何ゆえに自らのうちにあるものを打ち捨て、外に何かを探しまわらんとするのか。われは一物の汝に与うべきものを有《も》たぬ。何の仏法をこの寺に来てさぐり当てんとはする。本来一物もないではないか」と答えた。

師、また曰く、「わしは禅につきて何事をも会《え》せぬ、また禅について何を説くべきかを知らぬ。何にもないところに何かを獲んとて、そんなに立っていたとて何の益あるべきか。悟りは自らのなかから出るので、何か手に入れたいと思うなら、それは自身のなかから引き出すよりほかにない」

さらに、

「真の道は文字言詮《ごんせん》の及ぶところでない、元来悟りへの道として求め得るようなものは何ものもないのである、元来が無所得だからである。何かあると言うなら、それは本当のものでない」

また言う、「禅には文字で説くべきものはない、聖教《しょうぎょう》として珍重すべきものはない。たとい道《い》い得るとも三十棒、道い得ざるとも三十棒。黙するも得ず、説くも得ず」と。

また「いかにせば常に仏陀と共なり得べきか」との問に対して、ある師は次のごとく答えた。

「汝の心に何らの動きをも起すな、客観界に対して全然落着を失うな。かくのごとく終日空々寂々としていれば、すなわち仏陀と共なることを得るのである」と。

また次のような文に出会う。

「中道とは、中辺も、両辺もないことである。境に縛せられると、一辺に偏し、心の動く時また他の一辺に縛せらる。この両辺の何もない時中辺もない、それが中道だ」と。

数百年前日本に名声の高かった一禅師は生死の繋縛《けばく》を離脱するの道を訊ねに来た弟子に答えて、「ここには生も死もない」と言った。

支那の禅宗の初祖菩提達磨は梁の武帝に仏法窮極の第一義を訊ねられて、「廓然《かくねん》無聖《むしょう》」と答えたと伝えられる。

以上は禅文学の大倉庫より雑然と引用したものであるが、どれも、「空」・「無」・「寂静」・「無心」、その他同様の観念を以て一貫されているように思われ、虚無的となされたり、または消極的寂静主義の宣伝と目されたりするところのものである。

なおこの上に般若心経のなかから、次の引文をすれば、読者の驚愕は一層はなはだしきものがあろう。大乗仏教文学中でこの般若部に属する経典は、「空」の思想を以て全く浸潤されているから、この種の思考に慣れていない者は、これに対していかなる判断を下すべきかを戸迷いしてどうしてよいか知らないであろう。この経典は般若経のなかで最も簡単な、そして最も包括的のものとされており、禅寺にあって僧侶が日に読誦《どくじゅ》するところのもので実際、朝にも食前にも読む第一のものである。

経に曰く、「舎利子《しゃりし》よ色《しき》は空《くう》に異ならず、空は色に異ならず。色はすなわちこれ空なり、空はすなわち是れ色なり。受想行識もまたかくのごとし。舎利子、これ諸法は空相にして、不生不滅、不垢《ふく》不浄、不増不減なり。このゆえに空中には色もなく、受想行識もなく、眼耳鼻舌身意もなく、色声香味触法もなく、眼界もなく、乃《ない》至《し》意識界もなし。また無明《むみょう》の尽《つ》くることも無し。乃至老死もなく、また老死の尽くることもなし。四諦《したい》すなわち苦集滅道もなく、智もなくまた得もなし。所得なきを以てのゆえに。菩提薩埵《さった》の般若波羅蜜多《はんにゃはらみった》によるがゆえに、心に罣礙《けげ》なし、罣礙なきがゆえに恐怖あることなし。一切の顛倒夢想を遠離《おんり》して涅槃を究竟す」云々。

以上のすべてこれら引例を見れば、批評家が禅を攻撃して純否定の鼓吹であるかのように考えるかもしれないが、しかしこの批評は誤れるもまたはなはだしと言うべきである。何となれば禅は常に生命の中心事実を摑むことを目標とするもので、それは全然理智の解剖台に載せ得べきものではないからである。この生命の中心事実を摑まんがために、禅は余儀なく否定に次ぐに否定を以てする。しかも否定は禅の精神ではなく、それは吾々が思考の二元的方法に慣れているからであって、この智的誤謬は根柢より矯正されねばならない。禅はその性質としてきわめて自然に「これにも非ず、それにも非ず、また何物にも非ず」を主張する。しかるになお吾々はこれらすべてを否定して、残るところはたして何物ぞと訊ねるであろう。が、恐らくこの場合師は「汝、愚物よ。什麼《なん》と道《い》うぞ」と一掌を与えて喝するであろう。あるいはこれを以て師家が自ら窮地を逃れんとする手段に過ぎずとなし、または無作法の実例以外の何物にも非ずと見る者もあろうが、しかし禅の真精神を会得している者は、その一撃がいかに真剣なものであるかを知るのである。そこには、否定もなく、肯定もなく、ただ簡明な事実と、醇乎《じゅんこ》たる経験と、吾々の実在と思想の基礎そのものがあるのである。人はその心的活動の真只中にあって、渇望するところのすべての寂静と空とをそこに発見するのである。吾々は外的または因襲的なるものによって惑わされてはならない。禅は手袋を着けぬ素手で摑まねばならぬのである。

禅が否定を利用しなければならぬのは、吾々の「無明《むみょう》」が、あたかもぬれた衣服を体に纏うように吾々の心に頑強に纏わっているからである。「無明」は必ずしも悪くはないが、しかしそれはその自己の範囲を越してはならぬのである。「無明」は論理的二元主義の他の名目である。白きは雪であり、黒きは烏である。しかしそれはこの世のことで、「無明」なる語り方である。もし吾々が物の真理に徹底することを希うならば、この世がいまだ創造されなかった場所から見ることをしなければならない。これと言い、あれと言う意識がいまだ目覚めていなかった場所、心がそれ自らの同一性《アイデンティティー》を保存しているところ、すなわちその静謐《せいひつ》と、空虚の裏に、いまだその動きを始めぬところから見なければならぬのである。これは正しく否定の世界である。しかしそれは一層高い肯定、もしくは絶対的肯定——否定中の肯定——へ導き到るところの世界であるのである。「雪は白くなく」、「烏は黒くない」と言うとも、しかもそれ自体において、雪は白く、烏は黒いのである。我々の日常の言葉が禅によって懐《いだ》かれたごとき正確なる意味を伝えることはついに失敗に了《おわ》る

めんた自分曇っ禅

ところのものである。

禅はかく明らかに否定はするが、しかもいつも吾らをして自ら拾い上げしめんために、吾らの面前に投げてくれるところのある物があるのである。もしそれを自分で拾い上げようとしたならば、それは失敗に了る。「無明」の雲でその心眼の曇っている多くの人々は、素通りしてそれを顧みようともしない。彼らに対しては、禅は確かに虚無主義である。彼らはまったく見ることをしないのである。黄檗《おうばく》（希《き》運《うん》・？―八五五）が寺院で仏を拝んでいると、弟子が近づいて来て訊ねた、「仏について求めず、法について求めず、僧について求めずと、禅に教えますが、師は何ゆえにあたかも信心をして何か求めるがごとく仏に礼拝をなさいますか」と。黄檗は「イヤ、私は仏や、法や、僧について求めてはいない。しかし私はいつもこうして敬虔な態度で拝むのだ」と。弟子は「何んで信心ぶった風をする必要があるのか」と訝《いぶか》った。すると黄檗は弟子の頬を打った。弟子は曰く、「無作法ではありませんか」と。「一体お前はここをどこと心得ている。私には無作法とか、無作法でないとか、そのようなことを考えている暇がないのだ」と。そう言って黄檗はまた一掌を与えた。

に違いない。

聡明な読者は、粗暴ではあるが、黄檗の態度のなかに、彼がいかに熱心に弟子に伝えようとする何物かを看取することが出来よう。彼は外面的には否定しているがその精神では肯定している。このことは禅が充分に理解される時はっきりとわかるに違いない。

神に向かって儀式的礼拝を行ずる者に対する禅の態度は、趙州《じょうしゅう》（従諗《じゅうしん》・七七八―八九七）が仏を拝んでいる僧に言った言葉のなかにはっきりと見ることが出来よう。趙州がその僧の頰を打たれた時僧は抗議して曰く、「仏を拝むことは褒むべきではありませぬか」と。「まことにその通り、しかし褒められることもない方がなお善いのだ」と。この行為はどこに虚無的か、または偶像破壊的のところがあるであろうか。皮相的に見れば大いにある。しかし、この語を発した趙州の心が那辺《なへん》にあったか、その深い精神を会得するならば、そこに推理的理解の限界を超えて絶対的肯定のあることが解るであろう。

日本近代の禅の創造者白隠《はくいん》（慧鶴《えかく》・一六八五―一七六八）はその若い時に、熱心な禅の修道者であった。ある時正受《しょうじゅ》（慧端）老人に面会した。彼は自らは禅を充分に解しているものと思い、ひそかに自負していたのである。正受との面会も実は自分の深い認識を示すためであった。正受老人が彼の禅の領解《りょうげ》の程度を訊《たず》ねると、彼は不快そうに答えた、「何か手の着けられるものがあるなら、出してお目にかけましょう」と言って、嘔吐の素振をした。しかし正受老人は白隠の鼻を摑んだ。そして「これは一体何んだ、つかまえられるではないか」と。私は読者が白隠とともに、この会見について考えることを望む。そして自身で正受老人によって実際に示されたものが何であるかを発見して貰いたいのである。

禅は心を純粋の虚無にするがごときまったくの否定ではない。何となれば、それは知的自殺であるからである。禅には何か自己肯定のものがある。しかもそれは自由であり、絶対である。そして限界を知らず、抽象の取扱いを拒むものである。禅は潑溂としている。それは無機の岩石、虚無の空間ではない。この潑溂たる何物かと接触すること、否、人生各方面にわたってそれを捕えることがすべての禅修行の目的であるのだ。

南泉《なんせん》（普願《ふがん》・七四八—八三四）がかつて百丈《ひゃくじょう》（懐海《えかい》・七二〇—八一四）から「貴方が容易に人に敢えて説かない法がありますか」と問われた。南泉が「あります」と言うので、百丈は「あれば何の法でございますか」と問い返す。南泉は答えた、「心でも、仏でも、物でもない」と。これは絶対空を説くもののようであるが、それでも否定を通じて示されている何物かがある。さらに両人の問答がある。

百丈、「それはすでに説かれているではないか」

南泉、「私にはこれ以上は行けない。貴僧はどうか?」

「私は大善知識でないから説くの説かぬのなど言うことは分らぬ」と、百丈は答えた。

「もう説き過ぎている」と。これが南泉の結論であった。

論理的に説明の出来ないこの内的意識の状態こそ、禅について批評がましく語り得る前にすでに体験されていなければならぬものである。言葉は単なる指標に過ぎない。言葉を絶対の指針として信頼してはならぬのである。禅の師匠達が一体いかなる心的状態で禅を行っているか、まず熟《よくよ》くそれを知るように努めなければならぬ。彼らはこうした一見荒唐無稽な、またある人に言わすれば、愚にもつかぬ瑣事を以て、徒《いたず》らに気まぐれの閑潰《ひまつぶ》しをしているのではなく、いずれも個人的経験から得来たった何物か鞏固《きょうこ》な基礎を持っているのである。その一見狂気じみた行為のうちには犯し難い真理の組織的表示がある。この真理から見れば、全宇宙の動きも、畢竟蚊が飛び、扇が動く以上の事柄ではないのである。吾々はこれらのすべてに働いている一つの精神、すなわち虚無の痕迹だになき絶対肯定の精神を見なければならぬ。

ある時一僧が趙州に問うた、「もし一物も携えずに来たらどうしますか」と。趙州は答えた、「捨てるさ」。僧は抗議した、「今申した通り、一物も持っていないのに、何を捨てますか」と。趙州、「それならまた引っかずいて帰るさ」。

趙州は虚無哲学の無効をかく明白に喝破したのである。禅の真理に達するには「無一物」という観念をさえも捨てなければならぬのである。断定すべき何物もなくなった時、初めて仏陀は現れて来る。仏陀のために、仏陀を捨てるのである。禅の真理を体得するにはただこの一筋道があるばかりで、虚無を語ったり、絶対を口にしている間は禅は遠く吾々を離れている。吾々は絶えず禅から遠ざかろうとしている。「空」の足場すら脱ぎすてられねばならない。救いの道はまず自らを無限の深淵に投ずることである。これはまったく容易なる仕事ではない。

圜悟は大胆に喝《かつ》破した。「この土にまだ仏は出たことがない。また聖《しょう》教《ぎょう》として示すべきものもない。初祖達磨は嘗て西来しないのである。また以心伝心など言うものもない。ただ世上の人々が、このことの意義を知らぬので、自分以外のところに真理を求めんとする。彼らが熱心に求めんとするところのものは、却って彼らの足下に踏みにじられている。これはあらゆる千聖の智をつくしても、把握し得られるものでない。しかし吾らはちゃんとそれを見ているが、見ると言うと、もう見られていない。聞くと言うも、聞かれず、語ると言うも語られない、知って知らぬのである。それは畢竟どうして、そうなのか」

一読するところ、疑問の提出のようにも思われるが、この心のある断乎たる態度を語る肯定的表示ではあるまいか。

禅の否定は必ずしも論理的意義での否定ではない。また肯定においてもその通りである。禅の理会《りかい》は経験が第一であって、思想の人為的な系統的な法則や、「然り」と「否」と言うがごとき、あるいは間に合わせの認識論の公式など、そんなものに囚われたりしてはならぬのである。禅は外見上常に背理と不合理を行っている。しかしそれはただ外見においてのみである。その結果は、誤解と、訛伝《かでん》と、またしばしば悪意の嘲笑とを逃れ得ないのは、不思議のことではない。虚無主義の非難のごときもこの一つである。

ある時維摩《ゆいま》が文殊師利《もんじゅしり》に菩薩の不二《ふに》の法門が何であるかを問うた。文殊師利は、「私の見るところではこの法門は、一切の説明や、一切の表示や、また知識や議論を超えて万物を見る時に初めて理解の出来るものである、これが私の意見である」と答えた。そして「あなたの御意見は」と訊ねた。しかし維摩は口を噤《つぐ》んで一言も発しなかった。これは神秘な答弁である。口を閉じることは、ある方面から見ると、難関を逃れる唯一の道のようだが、禅もまたしばしばこの手段を取るのである。

圜悟はこれを評して言った。

「私は『然り』と言う。しかしてそこには肯定すべき何物もないのである。私は『否』と言う。しかして、そこには否定すべき何物もないのである。私は『然り』と『否』とを超えている。私は得も失も忘れる。そこにはただ絶対の純と赤裸の状態があるばかりだ。君が後に残したものは何か、また前に見る物は何かを聞かして欲しい。そのとき僧あって衆中から出て来てこう言ったとしてごらん、『私は前方に仏陀の部屋と寺の門を見る。しかして後方に私の寝室と居屋とを見る』と。君達はこの僧を以て内視の眼が開けていると思うか、いかが。それが分明《ふんみょう》に看取せられねばならぬ。その時君らは必ず古聖に会うことが出来る」と。

沈黙がその効果を示さない時には、吾々は圜悟に倣《なら》って言う、「天界の門は上に開け、消えざる劫火《ごうか》は下に燃ゆ」と。「然り」と「否」との二元主義で押しつけられない禅窮極の真義は、以上で明瞭となったかどうか。「これとそれ」、「わが物と汝の物」などの最後の意識の除かれていないうちは、何人も禅に徹底することは出来ない。そして古聖は没交渉の人となってしまう。内部の宝は永久持腐れになってしまうであろう。

一僧が尋ねて曰く、「維摩経に、浄土を願うものはその心が清浄《しょうじょう》でなくてはならぬとあるが、清浄とは何か」と。

禅師は答う、「絶対に清浄な意識が得らるる時、これを浄心と言うのだ。この心と言うのは、浄と不浄との二元を超えることだ。どうしてそれを実現するかと、お前は聞きたがるだろう。それはお前の心をすべての事情の下で徹底して空しくするのだ。そのとき清浄が得らるる。しかしこの時何か所得があるなどと思ったら、もう不浄だ。浄とも不浄とも思わぬ時、そこに絶対清浄がある」。

さて、絶対の清浄性とは絶対の肯定にほかならぬ。それは浄と不浄とを超越しており、また同時により高き綜合に統一されるからである。これには否定もなく、何らの矛盾もない。禅の目標とするところは、各人の日々の実生活のなかにこの統一、この肯定を実現せしめることであって、人生を形而上学的訓練と一様に取扱うのではない。すべての禅の「問答」はこの見方で考えられなければならぬのである。禅には不真面目な理窟や、言葉の遊戯や、詭弁等はない。禅はこの世における最も真摯《しんし》なものであるのである。

この章を閉ずるに当たって、『頓悟《とんご》要門論』という最古の禅学書類の一つから次の例を挙げることとする。仏教哲学者で唯識論の学者である道光という人が、一禅師を訪ねて、

「真理を修得するには心をどう用いたらいいか」と訊ねた。

禅師は答えた、「用いるべき心もないし、修めるべき真理もない」。

「もし用いるべき心もなく、修めるべき真理もなければ、何ゆえ日々禅を行じ真理を修めている僧侶を集めていなさるか」

禅師は答えた、「僧侶達を容れるべき寸尺の場所もなく、僧侶を呼び集めることもなく、また私は舌を持っていないのだ。どうして人々を教えることが出来よう」。

道光は声を揚げた、「よくも人の前で偽が言えます」。
すると、「人を教える舌を持たぬに、偽の言える筈はないが」と慧海は答えた。
道光は失望した、「私には貴僧の理窟がわからぬ」。
禅師は「私にもわからないのだ」と結んだ。

非論理的なる禅

空手ニシテ把ル二鋤頭ヲ一、歩行シテ騎ル二水牛ニ一、
人ハ従リ二橋上一過ギ、橋ハ流レテ水ハ不レ流レ、

これは普通傅大士《ふだいし》（四九七―五六九）として知られている善慧大士の有名な偈陀《ガーター》で、禅宗教徒の抱く見解の要旨を述べたものである。禅の教訓の全部をつくしたものでないことは勿論であるが、禅の傾向を生々と表わしている。禅の真理を知的に――もし可能ならば――摑もうと希う者は、まずこの短詩が何を意味するかを会得しなければならない。

吾々の常識からすれば、この詩は不合理と矛盾のはなはだしきものであって、批評家は禅を以て不合理、乱雑、そして普通の推理の範囲を逸脱したものとなすであろう。しかし禅は不変不易であり、それは物に対するいわゆる常識的観察法なるものを以て窮極のものとはしない。そして吾々が真理に徹底し得ないのは、畢竟余りに論理的解釈に執着するからだと見る。もし吾々が人生に徹底しようとするなら

ば、今迄大切に維持し来たった推理法を放棄しなければならない。つまり論理並びに偏頗《へんぱ》な日常語法の圧迫から逃れることの出来る新しい観察法を獲得しなければならぬのである。これは一見矛盾のようではあるが、禅は空手《くうしゅ》に鋤を持たねばならぬこと、また脚下に流れているのは水ではなく、それは橋であることを主張するのである。

しかも禅の不合理さはこれにとどまらない、なお幾多の難渋不可解なものを挙げることが出来るのである。そこで、あるいは禅を以て徹底的に気が狂った馬鹿馬鹿しいものとなす者もあるであろう。が、事実次のような断案は読者をして啞然たらしむるものである。

「太郎が酒を飲んだら、次郎が酔った」

「過去、現在、未来の仏陀の師は誰か。料理番の三郎」

「昨夜木馬が嘶《いなな》き、石人が跳ねた」

「見よ、黄塵が海に上り、怒濤が平地に聞こゆる」

禅はまた次のような質問を発する。

「今雨がどうどうと降っているが、どうしてこれを止める？」

「両手でたたくと鳴るが、片手の声はどう聞く？」
「片手の声を君が聞いたら、自分にも聞かせてくれぬか？」
「見わたせば山は高く、水は低地に流れているが、経文には、是法《ぜほう》平等で高下なしとあるが、これはどうだ？」

禅の修行者ははたして常識を失ったものであろうか。それとも深い神秘化《ミスチフィケーション》を、これ喜ぶものであろうか。これら禅の内的意義の提示は、はたして門外者の心を混乱に陥れるほか何を教えんとするのか。不合理と瑣事によって吾々を駆り立ててはたして何事を悟らしめようとするか。

答は簡単である。

禅は人生の神秘と自然の秘密を透見せんがため、全然新しい観点を得ることを要求するのである。禅は普通の論理的推理過程を以てしては、到底最深底の精神的要求に最後の満足を与えうるには無力であることの結論に到達したのである。

吾々は常に「AはAなり」を以て絶対と思い、「Aは非Aである」または「AはBなり」の命題を思考し難きものとしていた。吾々はこれらの理解の条件を突破することが出来なかった。それは余りに難解であった。しかし今禅は言う、言葉は言葉であって、それ以上の何ものでもない。言葉が事実と附合しなくなった時、それは言葉を捨てて事実に帰る時である。論理が実行価値を持っている間は、それの利用も出来るが、利用がきかなくなるか、もしくは自分の境界を越ゆる時には、吾々はそれの停止を命じなければならない。意識の覚醒以来、吾々は存在の神秘や、論理に対する飢渇を、「AはAなり」「BはAに非ず」の論法、すなわち橋を橋と呼び、水を流れるものとなし、塵埃は地上から上るとなす二元論法によって解決しようと努めて来た。しかるに悲しいかな、それでは心の平和と幸福と、人生と世界とに透脱する事はでき得なかったのである。暗中模索、吾々はついに途方に暮れざるを得なくなった。広大なる実在の世界へはついに一歩だも踏み出すことが出来なかった。

この精神最奥の苦悩を表わすに言葉のつきた時、突如として吾が全実在の上に黎明が来たのである。これが禅の始まりであった。吾々は初めて「A」が「A」にあらざることを知ったのである。論理が偏頗であること、そしていわゆる非論理的なるものが結局非論理的でないことを知ったのである。すなわち表面上非論理的なものが却ってそれが論理的であり、精細にものの真相を表明するものであることを知ったのである。ここにおいて「空手ではあるが、鋤頭《じょとう》は我が手中にある」のである。奇妙なこの矛盾は悟り切ってしまった時に解決が得られるものである。この悟りはそれ自体の超越であって悟りが何んであるかを言うのではない。「AはAなり」ということの意味は「AはAに非ず」という時にのみわかるのである。それ自体であることはそれ自体でないことである。これが禅論理であり、吾々の強調するところのものである。「花は赤くなく、柳は緑でない」これは禅によって最も的確にわかり易くせられた。

何たる痛快事ぞ。論理を最終と思う限り、吾々は束縛されているのである。吾々に思想の自由がなかった。事実の影はまったく失われていたのである。しかるに今この急場に臨《のぞ》んで一つの鍵が与えられた。吾々は実在の主である。言葉は吾々に対して権力を失った。もし鋤を鋤と称《よ》ぶことを欲しないならば、それでも善い。鋤はいつまでも鋤でないのである。このことは、禅師に従えば、名目に縛り上げられることを拒むものの、有りのままの真相をより精確に表わしているものである。

この名目と論理の束縛を切断することは、同時にまた精神上の解放である。すなわちそこにはもはや精神の分裂がないからである。知的自由の獲得によって、精神は自らを完全に所有することが出来た。生と死とはもはや吾々を苦しめない。そうした二元性はどこにも無いからである。吾々は死を通してさえもなお生きることが出来る。今迄は物をその矛盾の相、差別の相において見ていたのだ。吾々の態度も多少は相違していてもまたそれに順じたものであったのだ。しかしもはやそれは根柢より覆された。「鉄樹花を開き」、「雨中を行くも濡れざる」底の境界が出現したのだ。かくて精神は完全無欠となり、至福を以て満たさるるに至ったのである。

禅の取扱うものは事実であって、それは論理的、または言葉の上の、偏頗な、不具な表現ではないのである。直截簡明は禅の精神である。ゆえにそれは生命であり、自由であり、また独創である。基督教は、多くの場合、心の単純性に帰ることを教える。他の宗教もまたそうであるが、しかしそれは必ずしも愚直を意味しない。禅にあっては知的煩瑣に囚われたり、あるいはいつも巧妙な、そして詭弁に充ちた哲学的推理によって惑わされたりしてはならぬのである。それは事実を事実として認め、また言葉を言葉として知り、それ以上の何物にもあらざることを意味する。禅はしばしば心を曇りのない明鏡に譬える。ゆえに禅に従えば、単純であることは、この明鏡を常にきれいに光らしておき、その面前に来たるものは何物にょらずそのままに必ず映るようにしておくことである。すなわち鋤を鋤とし、しかもまた同時に鋤に非ざることを認めることにある。前者をただ常識で認めただけでは禅はない。後者が前者とともに認められた時に初めて禅があるのである。常識の観察法は平面的で生命がない。しかし禅のそれは常に独創的で、かつ刺戟的である。禅が断定される毎に、物は活気づけられて、そこに初めて独創の働きがあるのである。

禅は、吾々は余りに言葉と論理の奴隷であると思っている。吾々がこうして縛られている間は、吾々は悲惨である無数の哀しみを味わわねばならない。しかしもし吾々が何物か知る価値あるもの、すなわち精神的幸福に導くものを見出そうと希うならば、吾々はただ断然すべての条件から離脱することに努めなければならない。吾々は健全な世界が見え、また人生が内省的に理解されるような観察点は、はたして得られざるや否やを試みなければならぬ。この考えは人を駆って深く「無名」の淵に投ぜしめた。世界を創造することに努力するような精神を端的に摑ましめたのである。ここには論理もなく、哲学化もなく、人為的手段に合致せしめんがために事実を枉屈《おうくつ》することもなければ、知的解剖に委するために人の性質を殺すこともないのである。一つの精神はあたかも二つの鏡が互に面するように他の精神に向かい合っており、相互の影写の間に何の介在するものもない。

この意義において禅は明らかに実際的である。抽象や弁証法の巧妙さは禅の関知するところではない。それは一挺の鋤を前に突き出して、汝の大胆なる告白を要求することである。すなわち「私は鋤を持っている、しかも持っていない」と。禅は神や霊魂を説かない。また無限や死後の生命を語らない。この見栄《みば》えなき一個の鋤を用いて、その最も普通に使われるところで、人生における最奥の秘密を驀地《ばくち》に開くことである。それ以上は何物も欲しない。それは何んとしたことか。禅は物の実在に対して新しい接触を開いたからである。石垣の隙間に咲き出たつつましき花が理解される時に、全宇宙と、その内外のすべてが理解されるのだ。禅にあってはこの鋤こそすべての謎に対する鍵であるのだ。禅が哲学の難問題と格闘する様を見よ。何と痛快な、元気に満ちたものではないか。

かつて中世の有名な基督教の一教父は叫んだ、「オー、憐れなるアリストーテレスよ、汝は異教徒のために弁証法と建設と破壊の技術と汝は一切を論議するの術とを発見した。しかも一物だも達成し能わなかった」と。これは労して功なきものなるものである。すべての時代を通じて哲学者輩が、いわゆる科学と知識との問題に対して、その論理的聡明と解剖的巧智とを注ぎつつも、しかも彼らがいかに相互に対立するかを見よ。件《くだん》の教父がかかる無益の論争をやめしめんがために、大胆にも砂上の建設者の群中に爆弾を投じたのはまことに当然のことであった。曰く、"certum est quia impossible est"（不可能なるがゆえに確実なり）と。さらにこれを論理的に"credo quia absurdum est"（不合理なるがゆえに信ず）と。これは禅に対する無条件の承認ではないか。

ある一老禅師は僧侶の集会で一個の竹篦《しっぺい》を示して言った。「汝らにこの竹篦が見えるかどうか」と。「もし見えるなら、それは何か。竹篦だと言うだろう。しかしもし竹篦が見えるなら、お前達は普通の人間だ。お前達には禅はないのだ。またもし竹篦などは見えぬと言うなら、現に私はお前達の前にそれを差出しているのだ。この事実を否定することがどうして出来るか」と。禅は浅薄なものではない。吾々の第三眼が開かれて、物の秘密が見えるようになって、初めて古聖の友であることが出来るのである。この竹篦を見、しかもなお見ざるところの、第三眼とは何か。ここに人は物についての非論理的の観念を得るのである。

禅は言う、「仏陀は四十九年間説教したが、彼の広長舌はかつて動いたことがなかった」と。舌を動かさずに語ることが出来ようか。不合理なことではないか。玄《げん》沙《しゃ》（師《し》備《び》・八三五―九〇八）はこれを弟子達に説明して、「信心深い人は他の人々を何んとしても教化せねば止まぬと主張するが、もし次の三種の病人に遇ったらどうするだろうか。盲人は棒や槌をつき出されても見ることが出来ない。聾者は説教がいかに立派でも聞くことができないし、唖者は説かせようとしても説くことが出来ない。もし彼らをどうしても利することが出来ないならば、仏法もまた霊験がないわけではないか」と。この説明は結局何も説明していないように思えるだろう。彼は弟子達に言った、「お前達は二つの耳を持っている。一体何を聴いたか。また一つの舌を持っている。何を説いたか。実際何も語らず、何も聴かず、何も見なかったのだ。しからばこの声や、臭いや、味は一体どこから来たと思うか」と。換言すれば、「この世界はどこから来たのか」ということである。

なお以て不可解なら、さらに禅門の大家雲門に聴こう。一僧があって雲門のところに来て尋ねた。玄沙のこの意義を訊《ただ》すと、雲門はまず立って儀式通りの挨拶をするようにと命じた。御辞儀をしてから立ち上ると雲門は竹箆をとって僧を押した。僧は後へ退いた。雲門が言う、「お前は盲者ではないな」。次に近く寄るように命じた。彼はそのごとく前へ進んだ。雲門がまた言った、「聾でもないな」と。そして最後にこれが何のことであるかが解ったかどうかを訊ねると、「解りません」と答えた。

雲門が言った、「お前は啞でもなかった」。

さて以上の説明や暗示でも、なお吾々が未踏地《テラインコグニタ》にさ迷っているようなら、また初めに帰って再び「空手把㆓鋤頭㆒、歩行騎㆓水牛㆒」の一句を玩味するよりほかに道のないことである。

さらに一言を添える。禅は何ゆえ論理を攻撃するに爾《しか》く猛烈であるかと。またこの書が何ゆえ冒頭に禅の論理的方面を論じたかと言えば、論理の人生に浸潤することはなはだしく、人々以てついに論理が人生であり、論理をほかにして人生の意義なきがごとくに結論するに到ったからである。人生の地図が論理によって断定的に、かつ完全に描き出されて、吾々はただそれに従うべきものとさるるに至り、またその最後とさるる思索の法則を以て犯すべからざるものと思惟するに到ったからである。しかしてこれは事実上絶えず犯されていることなのである。多くの人々によって抱かれているところの一般の人生観は、大抵「思索の法則」を破ったものである。すなわち人々は「鋤を手に持っているが、事実は持っていない」のである。彼らは二と二の和より三あるいは五を作りつつあるのだ。彼らは事実を認識せずして、しかも人生を以て論理的、かつ数学的のものであると想像しているのだ。禅はこの混乱状態の城砦を襲って、吾々の生活は心理的、生物的のものであって、単なる論理学的なものでないことを示そうとするのである。

論理学には努力と労苦の跡がある。論理学には自覚の意識がある。人生の事実に対する論理学の応用であるところの倫理学もまたその通りである。倫理的の人は賞讃すべき奉仕の行いをするが、しかし彼は常にそれを意識しているのだ。さらにまた将来の報酬を期待することもあろう。彼は訓練されており、その行為は客観的にも社会的にも善である、しかし純ではない。禅は不純を嫌忌する。人生は芸術である。そして完全の芸術のように、それは自己没却でなければならない。そこには一点努力の跡、あるいは労苦の感情があってはならぬのである。禅は鳥が空を飛び、魚が水に游《およ》ぐように生活されねばならない。努力の跡が現わるるや否や、人は直ちに自由の存在を失う。彼はその本然の生活を営んでいないのである。彼は境遇の圧迫を受けている。何物かの制圧を感じている。そしてついに自分の独立を失うに至るのである。禅の目的とするところは、人の生命と、本来の不羈《ふき》自由と、しかして特にあるがままの完全とである。換言すれば禅は内部よりの生活を希うのである。これ禅が規範によって束縛されずに、各自がその規範を創造することを欲する。これ禅が吾々に対して要望するところの生活である。ゆえに禅は非論理的、否むしろ超論理的提唱であるのである。

五祖法演《ほうえん》（―一一〇四）はその説教中に言う、「仏陀が在世中に説かれた経文は、まさに五千四十八巻に及んでいるが、それには空の教義、有の教義が含まれている。また頓漸《とんぜん》の二教も説かれている。これは明らかに肯定を示すものではないか。しかし永嘉《ようか》（―七一三）に従えば、『衆生《しゅじょう》もなければ、仏陀もない。聖人は恒河《ごうが》の砂のごとく多くとも、蒼海の泡に等しい。古往の聖賢は雷光の閃きのごときものである』と。これは否定ではないか。

わが弟子達よ、あると言えば永嘉の言に背き、ないと言えば仏陀に逆らう。このジレンマをいかに脱得するか。しかし会《え》するものから見れば、朝《あした》に仏と対面し夕べに祖師と挨拶し得るのだ。もし会し得ない無知を自認するならば、私は汝にその秘密を知らせよう。無と言っても必ずしも否定でなく、有と言っても必ずしも肯定ではない。西山は東に向かって見、北斗は南に向かって看《み》よ」。

大肯定の禅

首山省念《しゅざんせいねん》（九二六―九九二）がある時弟子達の集まりに向かって竹篦を示して言った、「お前達がこれを竹篦と言うなら、それは肯定だ。もしまたそうでないと言うなら、それは否定だ。だが肯定もせず、否定もせずに、さてこれを何と言うか。さあ言って見よ」。忽ち一人の弟子は起《た》ち上がって、師匠の手からそれを奪うが早いか、二つに折ってしまった。そして言った、「これは何か」と。

抽象的で高遠な問題に没頭している者には、これは些細な問題に過ぎぬと思われよう。すなわち学識高き哲学者にとって、このつまらぬ竹の一片が何であろうか。深い瞑想に耽る学者にとって、それが竹篦と喚《よ》ばれようと、喚ばれまいと、あるいは折られて床の上に捨てられようが、はたしてそれに何の係わりがあろうか。しかし禅の修行者にとっては、この首山の質問は実に意味深長なのである。もしこの問題の中に包まれている心が真に会得されたなら、それは禅の門戸に一歩を入れたものと言える。首山のこの例にならって、竹篦をとり、弟子より会心の答案を求めた禅の師匠は数多いのである。

抽象的に語ること、恐らくそれは多くの読者の趣好に適することであろう。しかしここの趣意は肯定と否定との論理的対立を越えた、より高い肯定に達することである。普通吾々はただ出来ないとのみ思い込んで、敢えてこの対立を越えようとしない。それは吾々が論理によって脅かされているからだ。そしてこの名が呼ばるる毎に吾々は戦慄し恐怖するのである。吾々の心は、智能の覚醒以来動き出して、論理的二元主義の厳格な規律下に、この想像上の首枷《くびかせ》を振り捨てることをしないのである。そして自ら負うたこの知的制限を離脱し得るということは、いまだかつて考えたことがなかった。しかしこの「然り」と「否」の対立を突破せざる限り、吾々は真の不羈自由の生活を望むことは出来ない。精神は絶えず不羈を呼び求めているが、これは否定と肯定を含む対立的差別のない、一層高い肯定の形に至ることによって、容易に得られるものなのである。この一層高い肯定が禅匠の手において拈《ねん》ぜられた竹篦によって完全に達せられるということ、ここに禅がある。ここに拈じ出された竹篦は一個の竹篦にとどまるのでない、差別の世界における千万無量の個物をそのままにして、それを包んだものである。その竹篦のなかに、またはそれを通じて、すべての可能的存在と、すべての可能的経験の秘旨を発見するのである。この平凡な竹篦を会得する時に、吾々は完全にこの葛藤の全体に透脱することが出来る。それを手に取ることは、全宇宙を手にすることである。それを語ることは、万象を語ることである。一点を得ればすべて他もまた得られる。華厳哲学は「一法は万法を蔵し、万法は一法に蔵《おさま》る。一法は万法であり、万法は一法である。華厳哲学は「一法は万法に通じ、万法は一法のなかにある。一切の物、一切の存在は皆そのごとし」と教える。しかしここには何ら汎神論や同一論などというものはないのである。吾々の面前に一本の竹篦が拈出せられた、それは一本の竹篦のほか何ものでもない。別にそのなかに宇宙が摂入《しょうにゅう》せられているでもない。また「全」でも「一」でもない。「竹篦だ」と言う時さえすでに箭《や》新羅《しんら》を過ぐである。的を射はずしている。禅はもうそこにはない、まして華厳の哲学をやである。

禅の不合理については前章にすでに述べた。読者は禅が何ゆえ形式的な、あるいは非形式的な論理に反対するかの理由が解ったであろう。禅は敢えて自ら好んで非論理的を装っているのではない。それはただ人をして論理的一致が最善ではないこと、また知的聡明によって得られざるある種の超越した提唱の存在することを知らしめるためである。「然り」と「否」との知的通路は、物が常道を走っている間はまことに便利であるが、一度び人生最後の問題に逢着すると、智能はついに満足な解答を与えない。「然り」と言えば、吾々は断定したのである。しかし断定は自己制限である。また「否」と言えば否定したのである。否定は拒絶である。拒絶と制限とは結局同一のものであって、それは精神を殺す。何となれば完全の自由と完全の一致とに生活することが、精神の生命ではないか。拒絶と制限には自由も一致もないのである。禅はよくこれを弁《わきま》えている。ゆえに吾々の内的生命の要求に従って、禅はいかなるものの対立も存在せざる絶対の領域を提唱するのである。

しかし吾々は肯定に活きているのであって、否定においてでないことを思わねばならない。何となれば生命は肯定に過ぎず、しかしてこの肯定は否定に伴われたり、または否定によって条件づけられたりしてはならない。しからざればかかる肯定は相対的となって絶対的でなくなってしまうからである。かくのごとき場合には生命は、その創造的独創力を失ってしまい、精神を欠いた骨と肉とのほか、何物をも生ぜざる機械的一過程となってしまうのである。自由であるためには、生命は絶対的肯定であらねばならない。それの自由なる活動を阻害するあらゆる条件、あらゆる制限、あらゆる対立を超越しなければならぬのである。首山がその竹篦を拈じた時、かれは弟子達がこの肯定の状態に透脱せんことを欲したのであった。彼らの最奥の本体より出ずるものならば、常に絶対的肯定であるのであるから、その返答はたといいかなるものでも満足であったのである。ゆえに禅は単に時々純然たる我《わが》儘《まま》に終わるところの知的牢獄から逃れることばかりを意味しない。禅には吾々をしてすべての条件から逃れしめ、また同時にある種の鞏固なる足場——しかしそれは相対的意味の足場ではない——を与えるところの何かが存在するのである。ゆえに禅の師匠は弟子達が生まれてより持っているところの足場を取除いて、その代わりに全然足場に非ざる足場を与えることに努力する。もし竹篦がこの目的を達しないならば、その他何でも手近のものを利用して差し支えはないのである。虚無主義は禅ではない。何となればこの竹篦——あるいはその他の物であっても——それは言葉や論理などのように廃止することの出来ぬものであって、これは吾々が禅の研究において無視してはならぬ一要点である。

二、三の例を挙ぐれば、徳山《とくさん》（宣鑑《せんかん》・七八〇—八六五）は堂に来る時、必ず長い棒を携えていた。そして言う、「道《い》い得るも三十棒、道い得ざるも三十棒」と。これが彼の弟子達に言ったすべてであって、彼はこれ以外何事も言わなかった。宗教や道徳については多弁や抽象的議論は無用である。さらに細微をつくす形而上学も無用である。が、その反対にかなり辛辣な手段が講じられるのである。ゆえに常に宗教に小胆と敬虔を結びつけている人々にとっては、禅の師匠は確かに粗暴極まる人間のようにも見えるであろう。しかし事実が事実とし、直接に提供される時、それは一般に粗野なものである。しかも見ぬふりも、逃げ隠れも無効であるから、正面より会わなければならない。結局三十棒をあびせられることに心眼を開かれねばならぬのである。絶対的肯定は生命そのものの噴火口から生まれ出なければならない。五祖山の法演はかつて問うた。「道で賢者に出会った時言葉もかけず、黙してもいなければ、どう話をするか」と。この点が私のいわゆる絶対的肯定を悟らしめんとするところである。ただに「然り」と「否」との対立を逃れるばかりではなく、進んで反対が完全に一致される積極的方法を発見することであって、これがこの質問の着眼点である。またある師匠は炭火を指し、弟子達に言った、「私はこれを火と呼ぶが、お前達は火とは呼んではならぬ。それなら何か」と。これまた同じ意義である。師匠は、常に人類の害毒であった論理の束縛から、弟子を救おうとしたのである。

これを以ていたずらに人を試みる謎と見てはならぬ。それは決して遊戯ではないのだ。もし返答が出来なければ当然その結果を受けなければならない。吾々は自らの思想の法則によって永久に束縛されることを希うであろうか。それとも始めなく終わりのないこの人生を肯定することによる完全の自由を希うであろうか。吾々は一瞬も躊躇することが出来ない。事実を摑むか、またはそれを逸するかだ。両者の間には選択が許されぬのだ。禅訓練の仕方は一気に人をディレンマに陥れることにある。吾々は論理を用いず、一層高邁な心によって、自らこのディレンマを脱出する方法を工夫しなければならぬのである。

薬山《やくさん》（惟儼《いげん》・七五一—八三四）は石頭《せきとう》（希遷《きせん》・七〇〇—七九〇）について初めて禅を学んだ。彼は問うた、「私は仏教の三乗と十二分教とについては全く知らぬというのではございませんが、南方で説かれている禅、（すなわち支那の南部地方で教えられている）禅については全然弁えておりませぬ。この教徒に従えば、それは直接人の心に訴えることで、心の本性を通じて仏陀を証得するのだそうですが、一体どうしたら解悟が得られましょうか」。

石頭が答えた、「断定も益がない。否定も駄目だ。もし双方が無駄なら、お前はどう思うか」。

薬山はこの意味が解らなかったので、黙って考えていると、石頭は、禅の真髄に対する心眼を開かすことが出来るであろう江西の馬大師《ばだいし》を訪ねることを勧めた。薬山はその言に従って馬大師を訪ねて教えを乞うた。

馬大師は答えた、「私は時には眼を挙げたり、瞬きしたりさせるが、時にはそれも全然無効なことがある」。

これを聞いて薬山は初めて心が開けてその意義を悟った。

馬大師が「どうして解ったか」と訊ねると、薬山は答えた、「私が石頭和尚についていた時には、何だか鉄牛に蚊がとまっているようでございました」。

以上ははたして満足な理由か、または説明であったろうか。この肯定はいかにも不思議なものであった。

唐朝の高官陸亘《りくかん》がかつて南泉に訊ねた。「昔、ある人が瓶の中に一羽の鵞鳥《がちょう》を飼っていた。それが段々大きくなって、ついには瓶から出ることが出来なくなった。彼は瓶を壊したくなかったし、また鵞鳥も害したくなかった。貴僧はこの場合どうして鵞鳥を出すか」と。

南泉は「閣下よ」と呼んだ。

「ハイ」と答えた。

「そら出た」

これは南泉が鵞鳥を檻《おり》から取り出した方法である。陸亘は一層高い肯定を得ただろうか。

香厳《きょうげん》は言った、「人があって樹に攀《よ》じ、口でその枝を銜《ふく》んでぶら下ったと思え、彼の手は枝を把まず、脚は地を払っている。忽ち樹下に声があって仏教の真髄を訊ねたらどうか。もし答えなかったら、彼は質問者を等閑《なおざり》にしているのだ。またもし答えたら、彼の命は失われる。彼はいかにしてこの窮地を逃れるか」と。これは比喩であるが、その目的はすでに述べたところと同意義である。もしこの場合肯定か否定のために口を開いたなら、彼の命は失われるのだ。禅はそこにはない。しかし黙っていることもいけない。一塊の石は黙している。窓外の花も語らない。いずれも禅を解しないのだ。沈黙と雄弁とが同一になるかどうかの道が見出されなければならぬのである。つまり否定と肯定とが、命題のより高い形態において、合同しなければならぬのである。ここに到達する時に吾々は禅を知るのである。

しからば何が絶対的肯定の命題であるか。百丈が大潙《だいい》山《さん》の寺院の次代の住持を選ぼうとして二人の弟子を呼び寄せた。弟子の一人が普通持って歩く浄瓶《じんびん》を示して、「これを浄瓶と呼ばずば、何であるか言って見よ」と命じた。最初の一人の弟子が答えた。「木片とは言えませんが」と。百丈は満足しなかった。次の弟子が進み出た。彼は浄瓶をそっと倒したまま一言も言わずに部屋を出た。彼は住持に選ばれた。そして百丈は彼を千五百の僧の首《かしら》となした。浄瓶を倒す行為ははたして絶対的肯定であったろうか。吾々が何回この行為を繰返しても、それは必ずしも禅を解したものとは言えぬであろう。

いかなる風にせよ、繰返しや真似《まね》は、禅の好まないところである。すなわちそれは殺すからである。同じ理由で禅は断じて説明をしない。ただ肯定するのみだ。人生は事実である。そしていかなる説明も不要である、肯綮《こうけい》に当たらぬ。説明することは証明することだ。そして吾々は活きることに何の弁明があろうか。活きるということ、――ただそれだけで充分ではないか。だから吾々は活きようではないか。肯定しようではないか。そこに純粋の禅があるのだ。赤裸々の禅があるのだ。

南泉のいた寺で、東西両堂の僧が一疋の猫の所有を争っていた。これを見た南泉は、やにわに猫を論諍している僧達の前に引っ摑んで、「お前達のうち、誰でもこの可愛そうな猫を助ける何かを道《い》うことが出来たら放してやろう」と言った。しかし一人も答える者がなかった。忽ち彼は一刀の下に猫を両断した。そしてこれは「汝のもの」、「吾のもの」と言うような無益の争いに永久の解決をつけた。晩になって趙州が外出から戻って来たので、南泉はこのことを話して猫を救う道を尋ねた。それを聞くと趙州は草履《ぞうり》を頭に載せて何も言わずにまた出て行ってしまった。南泉はこれを見て「もしお前があの時いてくれたら、猫は助かったのに」と歎息したということである。

これは一体何を意味するか。憐れな猫は何ゆえ犠牲にされたか。頭上に草履を戴くことと僧侶の争いとに何の係わりがあるか。猫を殺すことははたして無宗教無慈悲を意味するものであったか。かかる妙な手段をとった趙州ははたして真底からの痴者であったろうか。さらに絶対否定と絶対肯定と、――これらは事実はたして二つのものであろうか。否！　趙州並びに南泉の行為には何か恐ろしく真剣なものがあったのである。この機微が解らない限り、禅は一個の道化に過ぎない。また下等動物が成仏するものとすれば、猫の殺戮もまた決していたずらなるものではなかった。この猫は成仏を約束されていたものであったに違いない。

一僧があって趙州に訊ねた、「万法は一に帰すと申しますが、その一はいずれのところに帰しますか」と。趙州の答えはこうだ、「私は青州にいた時に一揃いの法《ほう》衣《え》を作った、その重さが七斤であった」と。これは禅僧の発した言葉として最も有名なものである。これは絶対肯定を意味するものではなかろうか。僧の法衣と万物一如の間に何の関係があるのであろうか、誰かは訊ねる。あなたは言う、万物は神のうちに存在すると。しからば神はどこに住むか。神ははたして趙州の七斤の法衣のうちに住むであろうか。神ここにありと言えば、そこにはいないのだ。しかも神は普遍の存在者なりと言う以上、神はどこにも存在せずとは言えぬからである。吾々が智性によって縛られている間は、真の神に会うことは出来ない。吾々は神を随処に求めている。しかも神はいつも吾々から逃げて行く。知性は神の住家をつきとめんと希うが、しかし局限されないのが神の性質なのである。ここに心的ディレンマがある。そしてそれは不可避のものである。しからば解決はどうか。趙州の法衣は吾々のものでなく、吾々は、彼の解決に盲従してはならぬのである。吾々は吾々の道を歩まねばならない。もし吾々が同様の質問を受けるならどう答えたらいいか。しかも吾々はこの実際生活において、日々同様な問題に逢着しているのである。しかしてそれに対する最も直接的、また最も実際的な解決をなさないのはどうしたことか。

倶胝《ぐてい》和尚の質問に対する応答は、いつもただ一本指を立てるばかりであった。彼に従《つ》いていた童子がそれを真似て、人から和尚の教えを訊かれると、必ず一本の指を立てて見せた。これを聞いた和尚はある日童子を呼んで、その指を切り落してしまった。童子は怖れと痛みに慟哭《どうこく》して逃げ出そうとした時、和尚は呼び止めて指を立てて見せた。童子は自分の指の無くなったのも忘れて、また和尚を真似ていつものように立てようとした指はもう無かった。その時咄嗟《とっさ》にその意味を悟った。模倣は奴隷である。文字に囚われてはならない。摑まねばならぬものは精神である。大肯定は精神に活きている。しからば精神はどこにあるか。これは日々の経験に求めねばならない。そこに吾々の要するだけの証拠が、充分にあるのである。

経典のなかにこういう話がある。町の東に仏陀と同日に生まれた一人の老婆がいた。二人は生涯同じ場所に住んでいたが、彼女は仏陀に会うことを好まず、仏陀が近づけばあちらこちらに駈け廻って避けるのであった。ところがある日彼に廻り会って、どうしても避けることが出来ないと知るや、両手で顔を隠した。しかし仏陀は十本の指の一つ一つの間に現われて来た。この老婆は誰であろうか。

絶対肯定は仏陀である。吾々は彼を避けることは出来ない。どこを向いても彼は吾々に対しているのだ。しかしいずれにしても倶胝の童子のように、吾々が指を切る迄は彼を認めることは出来ぬのである。これは不思議なことではあるが、事実は米俵の側に坐しながら飢えて死ぬようなものだ。あるいはむしろ河の真中でずぶ濡れになって立っていながら、渇して死ぬようなものである。ある禅の師匠は一歩を進んで言った、「吾々は米そのもの、また水そのものである」と。もしそうなら吾々はまったく飢えているとか、渇いているとかは言えぬはずである。初めから何物にも欠乏していたのではなかったのである。

ある時一人の僧が曹山《そうざん》（本寂《ほんじゃく》・八四〇―九〇一）を訪ねて窮乏を訴えて慈悲を求めた。曹山が言った、「貴僧よ」と。僧は直《す》ぐに返事をした。すると曹山は言った、「貴僧はすでに富者の家の手製の酒を大盃で三杯も平らげたではないか、それでもまだ一滴も飲まぬようなことを言う」と。恐らく吾々もまた貧しくも富んでいるこの僧のようなものであろうか。

さて最後に、禅文学のなかに数多くあるものの一つである禅の真諦《しんたい》を絶対に肯定する一例を挙げる。清平（八四五―九一九）は翠微に仏教の本義は何かと訊ねた。翠微は誰もいない時に教えてやろう、待てと言った。やがてその時が来たので、清平が「今誰もおりませんからどうぞわかるように教えを垂れ給え」と、熱心に繰返した。翠微は座を起って、彼を竹藪の中へ連れて行ったが、一語をも発しない。返答を求められて漸く囁《ささや》いた、「これは何という高い竹だろう。だがまたあれは何という低い竹だろう」と。

実際的の禅

（一）

以上禅を知的見解から論じて来たが、その見地で禅を説明することは不可能であり、事実それを哲学的に取扱うことは正しくないことである。禅は仲介物を嫌う。知的の仲介をさえ嫌うのである。それは終始一貫した訓練と経験である。これは何の説明にも依存しない。何となれば説明は時間と精力の浪費であって、吾々がそれより得るところは物に対する誤解偏見以外の何物でもないからである。禅が吾々に対して砂糖の甘さを味わうことを求める時に、それはただ砂糖を吾々の口の中に入れるだけで、それ以上の言葉はいらない。禅の修行者は月を指すには指の必要なることを言うであろう。しかしこの場合もし指を出したら、それこそ災難である。これは不条理のようではあるが、しかし吾々は今まで知らないでこの失敗を何回も繰り返して来た。吾々が自己歓喜に耽っていることの出来るのは実に無智があるからである。この無智が何であろうとも、禅に関して何か書こうという人の任務は、ただ現在彼に与えられたる範囲の仲介を通じて、月を指すことである。問題が何か釈明を許すものとすれば、その程度迄、全力をつくして、その完全を期したい。禅が形而上学的に論ぜられる時には、思索や内省に慣れていない一般の人々にとっては、禅はなかなかに近づき難いものだということになるであろうから、従って読者は幾分でも知り得るということに対して失望を感ずることもあろう。しかし私は自分でもっと禅らしいと思われる見地から禅の解釈を試みることとする。

昔、南泉は趙州に「道（禅の真理）とは何か」と問われて、「汝の日々の生活、それが道である」と答えた。換言すれば、汝自らの落ちつき払った自信ある存在、それがすなわち禅の真理なのだ。私が禅を以て明白に実際的であると言うのはこれを意味するのである。それは、神や霊魂などについて説くことなく、また普通の生存状態に干渉したり、それを乱したりする何物をも語ることなく、直接生命そのものに訴えるのである。禅の要旨は流れている生命を捕えることにある。それには何ら突飛なものもなく、または不思議なものもないのである。私が手を上げたり、机の向こう側の本をとったり、戸外でボールで遊んでいる子供達の声を聴いたり、雲が近処の森の彼辺《かなた》へ飛んで行くのを見たりすること、——私はこれらのことに禅を行じ禅に生きているのだ。口数の多い議論も要《い》らず、また何の説明も要らない。私はなぜかその理由を知らない、私はその理由の説明が出来ないが、太陽が昇る時、全世界は歓喜を以て踊り、人は各々幸福に満たされる。もし禅が認知し得られるものならば、それはここで攫まれねばならぬのである。

ゆえに菩提達磨が自分を誰かと問われた時に、彼は「知らない」と答えた。彼は自分で説明が出来なかったからでもなく、または言葉の議論を避けたかったからでもない。彼はただ自分が自分であり、他の何物でもないこと以外には、誰であり、また何であるかを知らなかっただけである。理由は実に簡単である。南岳《なんがく》（懐譲《えじよう》・六七七—七四四）が六祖に参じた時、「私の方にやってくるものは何か」と問われた。彼は答えが出来なかった。そして八年の間考えて一日漸く悟ることが出来た。すなわち「何物かだと言っても、それは真理にあたらない」と。これは「私は知らぬ」と言うのと同じである。

石頭がかつてその弟子薬山に訊ねた、「お前は一体ここで何をしているのか」と。薬山は答えた、「何も致しておりません」。

何もしないものは何だ」と。

石頭はなお追及した。「お前は何もしていないと言うが、その何もしないものは何だ」と。

「それなら暇つぶしか」

「暇つぶしなら何かしていることでしょう」と、薬山は答えた。

薬山の答えは菩提達磨と同じだった、「聖者もこれを知らぬ」。

ここには不可知論も神秘主義もない、そんな心持に解せられるかも知れないが。ここでは平易な事実が平易な言葉で語られているに過ぎない。しかしもし読者にとってそう思えないなら、それは読者が菩提達磨や石頭をしてかく言わしめたところの心の状態を獲得していないからである。

梁の武帝が傅大士に経典について説教を求めた。傅大士は厳《おごそ》かに坐についたが、黙然として一語をも発しなかった。武帝は説教が聞きたいのでどうして始めないかと言うと、武帝側近の誌公が進み出て、「大士は説教がお済みになりました」と答えた。この無言の仏教哲学者ははたして何の説教をしたのであろう。後年禅の大家はこれを評して「真に雄弁なる説教だ」と言った。維摩経の主人公維摩は「絶対不二の法門は何か」と問われて、同じく「無言」で返答をした。これが後世「実に実に維摩の一黙は雷のごときだ」と言わるるに至ったものである。この口を噤《つぐ》むことはそれ程耳を聾《ろう》するものであろうか。はたしてしからば私は自分の舌を抑えて饒舌《しゃべ》らぬことにしよう。そうしたらこの宇宙はすべて騒擾《そうじょう》と喧噪をそのままにして、忽《こつ》然《ぜん》と絶対全一の沈黙に帰入するであろう。がしかし模倣は一疋の蛙をも青葉に変えることはしない。創造的独創力のないところに禅はないのだ。私は言わねばならない、「遅かりし、遅かりし、矢はすでに弦を離れたり」と。一僧が六祖慧能に訊ねた、「五祖の法を嗣《つ》いだ者は誰で御座いますか」。慧能は答えた、「仏法の解った者だ」。「それなら法をあなたは嗣いでおられますか」「イヤ、嗣いでいない」「なぜでございます」と僧は次いで尋ねた。慧能は「私には仏法が解っていないからだ」と答えた。

禅の真理を理解することのいかに困難で、しかもまた同時にいかに易々たることであろうか。それは実に困難なことである。何となれば理解することでないからである。またそれは実に容易なことなのである。何となれば理解せざることは理解することであるからである。ある禅師は言った、「仏陀も、釈迦牟尼も、菩提薩埵も、弥勒もまたそれを理解していない。しかも却って単純な匹夫《ひっぷ》がそれを理解している」。

吾々はこれで何ゆえ禅が抽象や、表現や綺語を避けるかを知り能《あた》う。それは神や、仏陀や、霊魂や、無限や、一や、その他こうした言葉には何ら真実の価値はない。これらは畢竟ただの言葉であり、観念であって、こうしたものは禅の真理に達するには何の役にも立たず、却ってしばしば誤謬曲解に陥るものである。吾々は常にこれを警戒しなければならない。ある禅師は言った、「仏陀を語るなら汝の口を綺麗に拭え」。あるいは「私の聴くことを好まぬ語が一つある。それは仏陀だ」。また、「仏陀のおらぬところは速やかに通れ、また彼のいるところにもとどまるなかれ」と。禅の修行者は何ゆえ仏陀に対してかくも敵対の態度をとるのであるか。仏陀は彼らの神ではないのか。仏教の最高実在ではないのか。彼は禅の修行者達によってこうした排斥を受ける程憎むべきまたは不潔なものではないはずだ。果然彼らの好まぬものは仏陀ではなく、まったくその語に附けられた附加物であるのである。

「仏陀とは誰か、また何か」の問題に対する師匠達の答えは多種多様であるが、それは一体何ゆえであろうか。尠《すく》なくとも一つの理由は、こうした外部から添加される言葉、または観念願望といったような、ともすれば混乱愛着をなすもののすべてから、吾々の心を救いたいがためであるのだ。それで次のような答えが与えられる。

「泥土で造って金を塗ったもの」
「最高の芸術家ですら彼を描き出し能わぬ」
「仏殿裡に祭り込まれてある」
「仏とは仏でない」
「汝はこれ慧超」（「いかなるかこれ仏」と問うに僧慧超に対する禅師の答えに）
「乾いた糞ふきべら」
「東山が水の上を動いて行く」
「たわごと言うな」
「ここは四面皆山だ」
「杖林山下の竹筋鞭」
「麻三斤《まさんぎん》」
「口はこれ禍の門」

「看《み》よ、波は高地に躍っているぞ」

「三脚の驢馬《ろば》が駈けてとんで行く」

「蘆《あし》の芽が股を貫いて生え出した」

「胸をむき出しながら赤裸足で行くのは誰だ」

以上は私がわずかの禅籍から心にとめず手あたり次第に引用したものであるが、禅学書類を漁《あさ》り、組織的研究を行えば、「仏陀とは何ぞや」のごとき簡単な問題に対してすら、奇妙な答えを夥《おびただ》しく集めることが出来るのである。そして以上の答中その二、三のごときはまったく適切を欠いたもののように見られる。概念の一般的標準から判断すれば、恐らくこれ以上に不適当な、妥当を欠く答えはあるまい。その他はいたずらに問題や質問者を翻弄しているかのごとくである。禅匠達ははたして真剣に修行者の嚮導《きょうどう》を心掛けているのであろうか。しかし要するに、禅を会《え》せんとするなら、奇妙な言葉を吐く禅匠達の心的状態に深く滲透しなくてはならぬ、そこの消息が会得さるるにおいて、これらの答えはいずれも初めて新しい光を顕わし不思議にも明らかになるのである。

禅は実際的で、直接その要領を摑むことにあるから、説明のために言葉や時間を浪費しない。その応答は直截簡明を旨とする。ゆえに婉曲な言い廻しなどは全然なく、すべてみな極めて自然かつ瞬間的の即答であるのである。銅鑼《どら》が打たれて即座に振動が起こる。吾々は油断すると、それは捕らえることが出来ない。間一髪の差でそれは永久に失われるのだ。禅はよく電光に譬えられる。しかし迅速は禅を構成しない。それの自然なること、人為に捕らわれないこと、生命そのものの表現であること、また独創的なこと、これらはみな禅の本質的特徴である。ゆえに真の禅の核心を摑もうとすれば、常に注意して外面的な表号によって迷わされてはならぬのである。「仏陀とは何ぞや」に対する以上の解答を参考として、文字通り、または論理的に、禅を理解しようとすることの、いかに困難でまたいかに誤謬多きことであろうか。それらが解答として与えられている限り、仏陀に対する指南であることは勿論であるが、月を指す指は、いつ迄も指であって、それが決して月そのものに変わるものでないことを記憶しなければならない。危険は常に知識が狡猾に忍び込み、指を以て月そのものとなす時に起こる。

しかも哲学者中には、如上の答弁のある物を文字上の、また論理的の意義にとって、それらに汎神論的の何物かを見出そうとするのである。たとえば「麻三斤」もしくは「乾屎橛《かんしけつ》」と言う時には、これらは明白に汎神的思想を意味するものであると主張する。すなわち批評家達によれば、禅の師匠達は、仏陀を以て、麻や、木片や、流れる水や、聳え立つ山や、芸術上の作品といった万物の上に顕現するものとなすのである。大乗仏教、ことに禅には疑いもなく汎神論的なるものを示してはいるようだが、この批評ほど禅を誤ったものはない。山や川や草木を汎神論的表象と見る時ほど、それが禅を去ること遠きはないのだ。禅の師家達はすでに最初よりこの危険な傾向を予知し、ためにこれらの答えに見ゆるごとき、一目瞭然の矛盾を敢えて口にするのである。彼らの意図は弟子や学者の心を、世の定論や、偏見や、あるいはいわゆる論理的解釈なるものから解放することにある。雲門の弟子洞山《とうざん》は、「仏陀とは何か」との問いに対して、「麻三斤」と答えた。これは「神とは何ぞや」と言うのと同じである。彼はその時自らの手にしていたであろうところの麻を以て、仏陀の目に見ゆる顕現であるとはなしていないのである、また知的眼を以てすれば、仏陀はすべての物のうちに発見し得るものというようなことは意味していないのである。彼の答えはただ単に「三斤の麻」であったのである。彼はこの平凡な日常語のなかに、何ら形而上的の意味を含めなかったのである。これらの語は彼の最奥の意識から、あたかも水が泉より湧き、あるいは蕾《つぼみ》が太陽に開くように自然に流れ出たのである。彼にとっては何らの予考も、何らの哲学もなかった。ゆえにもしこの「麻三斤」の意味を摑もうとするならば、吾々はまず洞山の心の深奥に突入すべきであって、彼が口先の言葉のみを辿《たど》ろうとしてはならない。あるいは彼は、他の場合においては、全然異なったこれと矛盾する答えをしていたかも知れぬのである。そこで理論家は当然当惑するであろう。そして彼を以てまったく常識を逸したるものとなすかも知れない。しかし禅の研究者は言う、「雨が静かに降っている。見よ、生き生きとした草の緑を」と。彼らのこの答えが洞山の「麻三斤」と全然一致するものであることを知っているのである。

もし吾々が汎神論を以て、神、あるいは心、あるいはその他の名称を以て、称《よ》ばれるところの最高実在と、目に見ゆる物的世界とを同一視するものとなし、しかして神はその顕現から離れては存在し能わずとする何らかの哲学であると解するならば、次に論ずるところは禅が汎神論の一型態でないことを一層示すことが出来ようと思う。事実上禅はこれ以上の何物かであるのである。禅には時間浪費の哲学的議論の余地はない。しかし哲学も、また、人生活動の一表現であるから、禅は必ずしもこれを遠ざけるのではない。哲学者が教えを乞うて来るならば、禅の師匠は嫌うことなく彼を迎えるのである。昔の師家達はいわゆる哲学者なる者に対しては、比較的寛大であった。しかして直截かつ機敏な臨済（義玄・？—八六七）や徳山に見るごとき辛辣さはなかった。

次に掲げるものは、西暦八、九世紀の頃に禅が隆盛を極め始めた時、大珠慧海が禅の要諦について編纂した語録から引用したものである。一僧が大珠に訊ねた。

問、「言葉は心なりや」

答、「否、言葉は表象で、心そのものではない」

問、「縁は外的条件である。が、これを離れて、心はどこに求むべきか」

答、「言葉を離れて心はない」（すなわち心は言葉のうちにあるが、言葉と同一視すべきではない）。

問、「言葉を離れて心がなければ、心とは何か」

答、「心は無形であり、無象である。真理は言葉から自由なるものでも、依存するものでもない。それの活動は永久に平和で自由である。祖師は言った、『心を心に非ずと知る時に初めて心と心の働きが解る』と」。大珠はさらに述べている、万物を生起するものを法性《ほっしょう》と言い、また法身《ほっしん》とも言うのである。「いわゆる法は万物の心を意味する。この心が動くと、万物が動く、心が動くことなければ、何物も動かない。従って名称がない。心の統一されていない者は、それ自身では無形であるところのこの法身が、状況に従って個々の形を撮《と》ることが解らない。心の統一されていない者は、緑の竹を以て法身そのものとなし、黄花を着けた樹を般若そのものと見る。しかしもし樹が般若であったならば、般若は非実在と同一物になり、またもし竹が法身であったならば法身は樹と同一物となってしまう。しかし花樹がなくとも、緑竹がなくとも、法身は実在し、般若は実在するのだ。しからざれば、吾々が筍《たけのこ》を喰うことは法身を喰うこととなるわけで、こうした見解は真に論ずるに足らぬものである」

（二）

前章に論じた「非論理的なる禅」や、「大肯定の禅」だけを読んだ人は、禅は近づくことの出来ぬ物、日常生活とは縁の遠い物、何か非常に魅惑的な、しかもまたはなはだしく捉えどころのないものと思われるであろう。しかし吾々はそう考えることを敢えて難じない。ゆえに禅はまた平易な、したしみのある、そして卑近な場所から提供されねばならぬのである。人生は万物の基礎である。人生を離れて何物も存在し得ないのである。我々がそのすべての哲学を以てするも、またはそのすべての雄大な、かつみごとな思想を以てするも、到底人生から逃れ去ることは出来ないのである。星の観測者は今なお固い地上を歩いている。

しからば禅が万人にしたしまれたならば、それははたしてどんなものであろうか。趙州がある時、新参の僧に訊ねた、「お前は以前にここへ来たことがあるか」と。僧は「ハイ、参ったことがございます」と答えた。すると趙州は「それならお茶を一杯お上り」と言った。のちまた他の一人の僧が彼を訪ねると、趙州は同じことを尋ねた。「お前はここに来たことがあるか」と。しかし今度の答えは反対であった、「お訪ねしたことはありません」。趙州は前のように「それならお茶を一杯お上り」と言った。これを聞いた院主が、「初めてでもお茶、初めてでなくてもお茶というのは、一体どういうわけでございますか」と。趙州は「お！　院主」と呼んだ。院主は「ハイ」と答えた。趙州は「君どうぞお茶を」と言った。

趙州従諗は唐朝における禅家者流の最も英邁なものの一人で、支那禅宗の発達はまた彼に負うところが多い。彼は八十歳を越えてなお行脚《あんぎゃ》をつづけていたということであるが、その目的はどこどこまでも禅の修行を完成することにあった。彼は百二十歳の長寿を保って死んだ。彼の言葉は宝玉のように輝いている。「彼の禅は彼の口唇皮上《くしんぴじよう》に輝いている」と言われた程である。ある時一人の新米の僧が彼の許へ来て、禅の教えを求めた。趙州が「どうだ、朝飯は食べたか」と訊ねた。僧が「ハイもう頂きました」と答えると、「それならお茶碗を洗ったかどうか」と。趙州のこの言葉は、忽ちに彼を省悟せしめた。

ある日趙州が庭を掃いていると、一僧が訊ねた。「賢いそして聖いお師匠様よ、塵がこうお庭に集まるのは、どうしたわけでございましょう」と。趙州は答えた、「戸外から来るのだよ」。また別の時同じような質問を受けた。「この浄い場所に、どうして塵が留まるのでしょうか」と。するとそれに対して「アア、塵がまた一つ飛んできたわい」と答えた。

趙州のお寺の境内《けいだい》に有名な橋があって、絶えず観客を惹いていた。余所《よそ》から来た僧が彼に訊ねた、「趙州の石橋とて、久しく聞いていますが、来て見ればただ独木《まるき》橋《ばし》が一つあるだけで、石橋のようなものは一向見当たりませんが」と。趙州は「あなたには独木橋だけ見えて石橋が見えぬかいな」と言った。「それなら石橋はどこにございますか」と。「貴僧は今それを渡って来たじゃないか」と、すかさず言った。またある時同じ石橋について問われた。その時の答えは禅の宗教味とも言うべきものを丸出しにした。「驢馬も渡るし、馬も渡るし、人間も渡る」と。

これらの問答において人生と自然に対するただほんのつまらない日常の対話だけを見るのみだろうか。精神的と言われ、また宗教的な魂の開明に導くものと言われるものはないのであるか。それなら禅はあまりに実際的な、そしてあまりに平凡なものであろうか。それは超越主義の高所から日常茶飯事へのあまりにも無作法な直《じき》下《げ》に過ぎぬと見るべきであろうか。さあれ、それは人各々の見方いかんによるものである。

今一本の線香が私の机の上に燃えている。これははたして一個の瑣事に過ぎぬであろうか。地震が揺れて富士山が倒れる。これは大事件であろうか。しかり、空間の意識が吾々に存する間は、そうである。しかし吾々は真に空間と呼ばれる一構内に閉じ込められているのであろうか。禅はこれに即答する、「線香の燃焼は全三界の燃焼である、趙州の茶碗の中には人魚《マーメット》が踊っている」と。吾々が時間とか空間とかいう型のついたものを意識している間は、禅は吾々に近寄らない。吾々の休日も楽には過されぬし、眠りも充分にとれぬ。しかして吾々の全生涯はついに錯誤に了《おわ》らなければならぬのだ。

次に潙山《いさん》（霊祐・七七一―八五三）と仰山《ぎょうざん》（慧寂《えじゃく》・八一四―八九〇）との問答を見よう。夏の旅から帰って来た仰山が、その師潙山を訪ねた。潙山は仰山を見ると、「夏中会わなかったが、何していたな」と言った。仰山は、「畑を耕したり、黍《きび》の植付をやったりしていました」と答えた。「じゃァ、夏を無駄にしなかったというわけだね」今度は仰山が潙山に夏をどうして暮らしたかと訊ねた。潙山は答えた。「一日に一食、そして夜は安眠」すると仰山は結論した、「それならやはり夏を無駄にされなかったわけでございますね」。

ある儒者は言っている。「道は近くにあるのに、人はこれを遠方に求める」と。禅についても同じことが言えよう。吾々は禅を好ましからざるところに求めようとする。すなわち言葉の上の抽象や形而上の微妙な点に。しかし禅の真理は日常生活の極めて具体的な物のうちにあるのである。ある僧がその師匠に、「禅堂に参りましてから、もう大分久しくなりますが、まだ一度も仏道について御教示を仰ぎませんが、御慈悲を以てどうぞお導き下さいませ」と頼んだ。師匠は答えて言った、「それはまたどういう意味か。お前は毎朝私に挨拶するし、私もそれに答えているではないか。お前がお茶をもってくる時には、私はいつもそれを喜んで受けているではないか。これ以外にお前は一体何が欲しいのだ」と。

これが禅であろうか。禅はこうした生活経験を吾々に要求するのであろうか。禅の一詩人は歌った、

「こはいかにも不思議だ、いかにも奇妙だ、水を汲んだり、薪をわったり」

禅は非論理的または不合理的であると言えば、小心な読者はこれを畏怖《いふ》して、係わり合わぬように願うであろう。しかし知的の研究で、それにいかなる辛辣奇怪のものがあろうとも、この章で論ずるところの実際的禅研究がそれを和らげるであろうと、自分は信ずるものである。禅の真理は実際的方面に求むべきであって、その不合理性の方面において求むべきではないのである。ゆえに吾々は決して不合理に重きを置いてはならぬ。あるいはこれは禅をして一般の知者にとって一層近寄り難きものとなすに過ぎぬかも知れないが、しかしさらに進んで禅がいかに単純な、日常の一般事であるかを示し、また同時に禅の実際的方面を強調せんがために、人が

人生の生活で持つであろうところの、最も粗朴な経験に訴えられた、二、三のいわゆる「事例」を挙げることにする。それらは概念的表示や、あるいは知的解剖から離れているという意味で、真に粗朴なのである。一本の棒の挙げられるのを見たり、一個の家具を手渡すことを命ぜられたり、単に自分の名を呼ばれたりする。かようなことはいずれも日常生活の単純な出来事に過ぎなくて、何らの注意を惹かずに、等閑視されるところのものである。しかるに禅はそこにあるのだ、——すなわち不合理性に充ちていると思惟される禅、あるいは人類がその悟性に対して課し得べきと思われる最高の思索に充ちている禅、それがそこにあるのである。次に挙げる二、三の例は、単純で直接でかつ実際的で、また意義に充ちているものである。

馬祖（道一《どういつ》・七〇九—七八八）の嗣《あとつぎ》であった石鞏《せっきょう》という人が、かつて彼の弟子に訊ねた、「虚空を摑むことが出来るかい」。僧は「出来ます」と答えた。すると「そんなら一つやって貰いたい」と石鞏は言った。僧は腕を伸べて虚空を摑んだ。石鞏は「なるほど、そうするのかね。何か摑めたかな」と尋ねた。僧曰く、「それなら和尚さんはどうなさいますか」。石鞏はやにわに僧の鼻頭をいやという程摑んだ。「ああ、そんなに酷《ひど》く摑んでは痛いですよ、傷しますよ」と、僧は叫んだ。石輩は「だが虚空をしっかり摑むにはこうするんだよ」と言った。

また馬祖の嗣であった塩官が一僧から真の毘盧遮那仏《びるしゃなぶつ》とは誰かを問われた時、僧に向かって、傍にあった浄瓶《じんびん》を持って来るように命じた。僧がそれを持って来ると、また元のところへ持って行くようにと命じた。忠実にその命令通りやってから、僧が再び「真の毘盧遮那仏とは誰か」と訊ねると、塩官は「毘盧遮那仏はもはやここにはいない」と答えた。これについて他の禅師が評して言った、「毘盧遮那仏は永い間ここにいた」と。

以上の例を以てなおまったく知的煩雑を脱しているものでないと思われるならば、南陽の国師慧忠《えちゅう》（—七七五）の次の例を挙げて見よう。彼は日々三度「オイ、居ないか、居ないか」と、その侍者を呼ぶのを常とした。侍者はいつも間違わずに「ハイ」と返事をしたが、ある日慧忠が言った、「間違うのは私だと思っていたが、そうではなくお前の方が間違っていたのだ」と。ただ人の名を呼ぶというだけのことと、まことに単純極まることではないか。慧忠の終わりの言葉は普通の論理的な見方では不可解かも知れないが、一人が名を呼んで、他が答えるのは、日常最も普通に見る実際事の一つなのだ。しかし禅の真理がちゃんとそこにあることを告げる。

そうしてこれがいかに尋常茶飯事であるかは、これで知ることが出来るのである。何の奇異もなく、真実は万事に現われているのだ。一人が呼んで、他がそれに応じる。一人が「ヤー」と呼んで、他がまた「ヤー」と答える。これだけのことなのである。

良遂《りょうすい》が麻谷《まこく》の下に禅を修行していた。ある日麻谷が「良遂」と呼ぶと「ハイ」と答えた。三度び呼んで、三度答えた。その時麻谷が「この馬鹿者めが」と一喝した。この一喝は良遂の心眼を開いて、彼は初めて禅を解した。彼は叫んだ、「ああ和尚さん、モウ私を瞞さずに下さい。もし私があなたの許に参りませんでしたら、私は経論の研究で一生を不幸にも迷わしたことでございましたでしょう」と。後、良遂は僧院で仏教の哲学の研究に没頭している同僚達に対して言った、「君達の知っていることは、すべて私の知っていることだ。だが私の知っていることは、到底君達の知るところでない」と。良遂は自分の和尚が彼の名を呼んだ意義を解しただけで、こうしたことの言えるなどは、実に驚くべきことではあるまいか。

これらの例によって問題は多少前より明瞭に、もしくは解り易くなったであろう。こうした例は無数に挙げることが出来るが、禅が結局はなはだしく煩雑なものではなく、また抽象や思索の最高機能を要する研究の結果でないことは、以上の例で充分に示されている。禅の真理と力はまったく単純で直截で特に実際的であるところに存する。「お早う、いかがです」「有難うございます、達者でございます」。禅はそこにあるのだ。「どうぞお茶をお上り下さい」。これにも禅が溢れているのだ。作務《さむ》をしている腹の空いた僧が食事の銅鑼を聞いて、仕事を止めて急いで食堂《じきどう》へ入る。和尚がこれを見て大笑いする。その僧は禅を充分に発揮したのだ。何物もこれ以上に自然的であり得ない。ただ一つ必要なことは、その意義について、眼を開いていることである。

しかしここに一つ禅の研究者が、特に注意して避けねばならぬ、危険な陥穽《かんせい》がある。それは禅を自然主義、自由主義、放埒《ほうらつ》無軌道性などいうものと混同してはならぬことである。自然主義は、人の自然的傾向に従って、それの起源も価値も究めずに、盲従するということである。人間的行為は、道徳的本能及び宗教的意識を欠いている動物の行動でない。その間には非常な差異がある。動物は自らの状態を改善したり、またはより高い徳に進めたりすることについて、何ら努力することを知らない。石鞏がある日厨《くりや》で働いていると、彼の師匠の馬祖がやって来て、彼に何をしているかと訊ねた。「牛飼いでございます」と答えた。「牛の扱い方は」と問われて、「牛が脇路へそれたら、真直に手綱《たづな》をまた引き戻します、一寸の猶予も与えません」と答えた。馬祖は、「ほんとうにお前はよく知っている」と言った。これは自然主義でも自由主義でもない。ここには正しいことを行う努力がある。

ある禅匠に問う、「あなたは真理を修めることに努力することがありますか」と。

「努力します」

「それはどういう努力を？」

「飢えれば食べるし、疲るれば寝る」

それは誰でもすることとです。すると人は皆あなたと同じ努力をしていると言えましょうか。

「イヤ、していない」

「なぜですか」

「なぜなら、彼らが食べる時には、いろいろのことを考えているから、それに妨げられていて、食べても食べていない。また眠る時にも眠らないで、様々な夢を見ている。これが私と違うところだ」。もし禅を自然主義と呼ぶことが出来るなら、それは厳格な訓練を追究する自然主義である。禅が自然主義であるとしても自由主義者達によって解されているようなものではない。自由主義者達は意志の自由を持っていない。彼らはそれに対してはまったく無力であるところの外部からの力によって手足を束縛されているのである。これに反して、禅は完全の自由を享受している。換言すれば、それは自らの主となることであるのだ。金剛経などに特有と見るべき表現法を用いれば、禅には「住処《すみか》」がないのである。物がその安定の住家を持つ時に、それは束縛される。それはもはや絶対ではないのである。次の問答はこの点を明瞭に説明している。

「心の住処はどこですか」と、僧は尋ねた。

師は「心は無住のところに住している」と答えた。

「その無住のところとは何のことか」

「心が個々の対象に捉われない時、心は住処をしらぬ。それが無所住だ」

「個々の定まった住処とは何のことです」

「それは善悪・生死・物心の二元的生涯を超出するということだ。また空とか不空とかいうところにも、その住処を見ぬことである。また寂静のところにも寂静でないところにもいぬことである。一切の所住と見らるべき特定の住地を有《も》たぬこと、これが無所住である」

雪峰（義存・八二二―九〇八）は唐朝禅学史上の一異彩であるが、その永年にわたる禅修行の行脚の間、いつも柄杓《ひしゃく》を担《かつ》いでいたと言われる。そのわけは禅堂生活で、普通に最もいやがられまた最も困難とせられている厨下の仕事に奉仕することで、柄杓はその象徴であった。彼がついに徳山の法を嗣《つ》いだ時、一僧が彼に来て訊ねた、「徳山和尚の許に居《お》られた時、何を修得なさいましたか。貴僧はいかにも穏やかで、自制心に富んでおられるようにお見受け致しますが」。雪峰は答えた、「私は空手で家を出て、また空手で帰って来たのだ」と。これは禅の無所住なる教えの実際的説明ではないか。僧が集まって百丈に禅の講義を求めた。百丈は「お前達はまず野に出て働いて来なさい。それから禅の講義をする」と言った。仕事が済んで、一同が講義の約束を促すと、彼は両腕を開いただけで、一語も発しなかった。これが彼の大説教であった。

悟り――新見地の獲得――

禅修行の目的は事物の観察に対する新見地を獲得することにある。もし吾々が二元主義の法則に従って、論理的に考える習慣を持っているならば、それを捨て去ることである。そうすれば禅の見方に近寄ることが出来る。吾々は同一世界に住んでいるものとされているが、しかし一般に窓の前にある石を見るについても、それがはたして各人にとって同一であるかどうかは疑問である。お互いに一杯の茶を啜《すす》る。その行為は明らかに同様であるが、しかし飲むことについては、これを主観的に見てかなりの隔たりがあるのである。すなわち一人の喫茶には禅がなく、他のそれには禅が溢れていることもあろう。その理由は一人は論理的円環を描いて動くが、他はその環外に立っているからである。ここにいわゆる禅の新見地というも、別に何の新規なものがあるわけではなく、ただ「新」という言葉が世界を見る禅の方法を表すのに便利であるからであって、この語を用いることは、禅にとっては遠慮したいのである。

禅でこの新見地を獲得することを「悟り」と言う。動詞では「悟る」である。これを外にして禅はない。禅の生活はこの「悟り」から始まるからである。悟りは知的または論理的理解に対する直覚的洞察と定義することが出来よう。定義のいかんはともかくも、悟りは二元的な心の混乱のために、今迄認知することの出来なかった新しい世界を開くことを意味する。さて、これを心に記しておいて、私は読者が次の問答について一考することを希う。さすれば私の言うところが明らかになると思う。

一人の若い僧が趙州に教えを乞うた。趙州は「朝飯を食べたかどうか」を訊ねたところ、僧は、「ハイ、頂きました」と答えた。「それなら茶碗を洗ってお出で」これが直接の返答であった。この一言は僧の悟りの心を開いた。

後《のち》、雲門がこれを評して言った。「趙州の言葉には何か特別の教訓があったろうか。もしあったとすれば、それは何であろうか。またもし無かったとすれば、この僧が得た悟りというのは一体何であったろうか」と。さらに後《おく》れて翠巌は雲門の言を駁して、「大雲門には何が何だかわからなかった。それでかく評したものだ。これは全然不用の言である。丁度、蛇の足を描き、宦官《かんがん》に鬚を添えると同じだ。私の意見は彼のとは異なっている。すなわち悟りを得たという件《くだん》の僧は一直線に地獄へ行くばかりだ」と。

趙州が「茶碗を洗え」と命じたことや、僧の悟りや、雲門の選択要請や、翠巌の断案や、これらは抑々《そもそも》何を意味するものであろうか。彼らは相互に反駁し合っているのであろうか。それともまたこれらは無益の骨折《ほねおり》であろうか。しかし私は言う、これらはすべて一つの途を指しているのだ。そして件の僧はどこへ行くにしても、その悟りなるものは決して無駄事でないのだ。

徳山は金剛経の大学者であった。しかし彼は、すべての書かれた経典を否定して、直接人の心に訴える禅というもののあることを知って、教えを受けるために龍《りゅう》潭《たん》の許へ出かけた。ある日彼が禅の秘密を探ろうと戸外に坐っていると、龍潭が呼びかけた、「なぜ這入《はい》らないのか」と。徳山が答えた、「真暗です」。蠟燭《ろうそく》が点《とも》されて徳山の前へ出された。彼がそれを受け取ろうとする途端に、龍潭はそれを吹消してしまった。その時徳山の心が忽然として開けた。

ある日百丈がその師馬祖に従って外出した。その折野鴨が飛んでいた。馬祖が訊ねた。

「あれは何か」

「あれは野鴨でございます」

「どこへ飛んで行くのか」

「もはや行ってしまいました」

馬祖はいきなり百丈の鼻頭を摑んで捻《よ》じた。百丈は「オー、オー」と苦痛を訴えた。

馬祖は言った。「お前は野鴨が行ってしまったと言うが、野鴨は始めからここにいたのだ」。この一言は百丈の背に冷汗を流した。彼は悟ったのだ。

茶碗を洗うこと、蠟燭の火を吹き消すこと、鼻柱を捻《ひね》ること、この間に何かの関係があるだろうか。吾々は雲門と共に、もし関係などはないとすれば、彼らはいかにして禅の真理を悟ることが出来たのだろうか。もし関係があるとすれば、その内的関係は何であろうか。その悟りは何か。事物を看取するこの新観察法は何か。

宋朝の禅師たる大慧《だいえ》の下に、永年禅の研究をつづけていたが、いまだ禅の奥義を極めていない、道謙という僧があった。彼は遠方へ使いを命ぜられ、それが半歳もかかる旅行なので、研究の妨げとなるところから、非常に失望していた。その時彼の同僚の一人である宗元がこれに同情して「私も一緒に行って上げよう。そして私の出来るだけのことは何でも援助しよう。旅行中でも修行の出来ないはずがない」と、彼を励ました。ある夜道謙が悄然として友人に人生の秘密を解きたいが、どうか援助して貰いたいと切願した。友人は言った、「吾に出来ることは何でもお援けしよう。だがあることについては、何の役にも立たないことがある。それはあなたが自分でやらねばならないことだ」と。道謙はそれはどんなことかと一所懸命に尋ねた。すると友は「それはほかのことではない。貴方が飢えたり、渇いたりした時には、私が喰べたり、飲んだりしても、貴方の腹は満たされない。それは貴方自身が食べたり飲んだりせねばならぬことだ。貴方が自然の呼び声に応ぜんと思う時は、自分自身で気をつけねばならない。私は貴方に何の役にも立たないのである。それから道を行くにしても、自分で自分の体軀を運ぶよりほかはない」。この親友の忠告はこの真理探究の僧の心を開いた。彼は言うに言われない歓喜に満ちていると、宗元は「これで自分の役目は済んだから、この上旅行の道伴《みちづ》れをすることは無意義だ」と言って、道謙を一人で旅立たせた。半歳が経って道謙が寺へ帰って来ると、丁度《ちょうど》山から降りて来る大慧和尚に出合った。和尚は彼を見て言った、「今度こそすべてが解ったね」と。そこで私は聞きたい、一友人のこうした平凡な忠告によって、道謙の心に閃いたものははたして何であったろうかと。

香巌は百丈の弟子であった。師の没後百丈の弟子で年長者の潙山を訪ねた。潙山が「貴方が私の師匠について研究しておられたことや、また貴方の学識のことなども噂《うわさ》で存じておりますが、学問で禅を究めようとすると、必ず知的な、また分析的な理解に終わってしまって、あまり役に立たないと思います。しかし貴方は禅の真理を達観していられましょう。どうか生死の理由についての御意見を聞かして頂きたい。つまり貴方が生まれる前の貴方の存在について承りたいのです」と言った。

かく問われて香巌は返答に窮した。早速部屋へ退いてかねて書き取っておいた師匠の説教のノートを孜々《しし》として調べて見たが、自分の見解を述べるに思わしい文句も見つからないので、潙山の許へ帰って来て、禅の信仰について教えてくれるように願った。しかし潙山は答えた、「イヤ、私には貴方に教えるようなものは何もありません。あるにしても、それは貴方をして他日私を嘲笑するの材料となるだけだ。また教えるにしてもそれは畢竟私自身のもので、貴方の体験そのものとはなり得ないのです」と。香厳は失望し、彼を不親切だと思った。そしてついに決心した。精神的幸福に対して何の役にも立たないものなら、ノートも筆記も焼いてしまおう。そして世を捨て、ひたすら仏道の律法を遵奉《じゅんぽう》し、余生を孤独単純な生活に送ろう。人から何の説明を得られぬような難解な仏教の研究は、自分にとりて何の益があろうか。自分はそんなあまりにも深遠なものを得たいと願うことなく、煩わされることもない、一介の平凡な無宿の僧となってしまおう。彼はついに潙山の許を去った。そして南陽慧忠国師の墓の側に庵《いおり》を結んで住んでいた。ある日庭草を取ったり掃いたりしていると、掃き捨てた一個の小石が飛んで、一本の竹に当たった、衝撃によるこの思わざる響きで、彼の心には悟りの光が閃きわたった。彼は限りなく喜んだ。潙山の提示した問題が、今釈然として解けたのだ。彼は死んだ両親にでも会うような嬉しさでそこを出た。そしてかねて説明を拒まれた潙山の親切が初めて解った。もしあの時潙山が不親切にも彼に説明してくれたら、今日この経験は得られなかったのである。

禅は師匠の説明で、弟子達が悟りに導かれるということは不可能であろうか。悟りはまったく知的解剖の出来ないものであろうか。禅は悟りを開いていない人に対しては、説明でも論議でも伝え得られない経験である。もし分析が出来るものとすれば、そうすることによって、悟りを知らない人にも完全に明らかになし得られるが、それはもう悟りではない。その悟りは悟りそのものをなくする概念に変わってしまい、また禅はついに経験でなくなってしまうからである。

惟《おも》うに吾々が禅のためになし得る唯一の方法は、嚮導《きょうどう》、もしくは暗示を以て人の注意を喚起して、目標の方へ向けしめることであろう。目標に達し物を摑むことは、人各々が自分の手を以て行うべきである。それをなすものはまったく自分で誰でもない。そしてこの表示は到るところに存在している。人の心が悟りに熟して来ると、それはどこへも自ら落ちて来る。かすかな音や、わからぬ言葉や、花や木や、または石に躓《つまず》くような些細なことなど、これらはいずれも人々の心を悟らせるに充分な条件となる。事実些細な出来事が、異常な結果を将来するのであって、一本の導火線の接触は地を震わすような爆発を起こすのである。悟りのすべての原因条件は心のうちにある。ただ爛熟の機を待っているのみだ。心的状態の準備が整って来れば、鳥が飛び、鈴の鳴ることが、自分のその根源的な住処に直に返らすのである。すなわち真我の覚醒となるのである。当初から一物として隠されていたものである。

はない。貴方が見ようと思うものはすべて常に貴方の前にあった。ただ吾々自身が眼を閉じていただけである。ゆえに禅には、人の知識に添加し得るようなものはない。また何らの説明すべきものもなく、また教ゆべきものもないのである。自分から生まれる知識でなければ、真に自分のものではない。それは借り物の翼に過ぎぬのだ。

詩人の黄山谷《こうさんこく》が晦堂《かいどう》のもとへ禅の手ほどきを受けにやって来た。晦堂が言った、「あなたのよく御承知の書物のなかに、孔子の言葉で禅の教えに該当する一句があります。孔子は、『私はお前達に何か隠していることがあると思うかも知れんが、私には隠しておくべき何物ももたぬのである』と言っているではありませんか」と。その時山谷は何か言わんとした。晦堂はすかさず、「違います、違います」と言って、それを制してしまった。詩人の儒者は心に不安を感じたが、何とも言うことが出来なかった。その後二人が山中を歩いていると、野生の桂が綺麗に咲いていて、香気が四辺を充たしていた。晦堂は「あなたにもこの香が聞こえますか」と訊ねた。詩人は「よく匂います」と答えると、晦堂は言った、「そこだ、私は貴方に隠す何もない」と。この暗示は——直示《じきし》は黄山谷の悟りの心を開くことになった。

これらの例は悟りがなんであるか、またどうしてそれ自体を表わすものであるかを示すに足るであろう。しかしあるいは読者は訊くであろう、「以上悟りの説明表示は悉皆《すつかりくわ》精しく読んだが少しも利するところはないようだ。悟りについて、その内容——もしあるとすれば——それを明確に説明して貰えまいか。引例も提唱もなかなか面白いが、吾々はただ風の吹き方を知っているだけだ。船の着く港は一体どこにあるか」と。これに対して禅の帰依者《きえ》は答えるだろう。しかし悟りにも禅にも、知的理解として説明や、提示や、証明を加えることの出来るようなものは何物もないのである。なんとなれば禅は思念とは無関係で、悟りは一種の内的知覚と言うべきものであるから——しかもそれは単一な個物に対する知覚ではなくて、存在の根本事実そのものの知覚である。悟りの究極の目的地はそれ自身である。それ自身であること以外には何の目的もないのである。ゆえに趙州は言った、「お茶を飲め」と。ゆえに南泉は言った、「これはいい鎌だ、良く切れる」と。「我」なるものはこんな方法で働くのだ。もし何か捉えることの出来るものがあるならば、悟りはその働きの真中で開けなくてはならない。

悟りは存在の根源を突くのであるから、それの獲得は一般に人生の分岐点を劃するものである。しかしこれの獲得は徹底的で、また判然たるものでなければならぬ。微温的の悟り――もしそうしたものがあるとすれば――それは悟らぬよりも悪い。次の例を見るがよい。臨済が黄檗の三十棒を従順に受けていた時、彼の姿は惨めなものであった。が、一度び悟りを得るや、彼は全然別個の人間となった。彼の最初の絶叫はこうであった、「黄檗の仏法も大したものではない」。後再び黄檗に会った時、彼は黄檗を一掌して三十棒に対するお礼をした。何という傲慢、何という無礼と、人は思うであろう。しかし臨済の無礼には理由があったのだ。ゆえに黄檗がこの一掌を受けて悦んだのは不思議ではない。

徳山が禅の真理に透脱したる時、かつて非常に大切にして、どこへ行く時も片時も身辺を離さなかった金剛経の注釈を直ちに焼き去ってしまい、多くの写本を灰燼に帰さしめた。そして言った、「たとい人が玄妙な哲学を窮めようともそれは大空に飛ぶ一毛のごときものだし、世間の経験がいかに大切であろうともそれは一滴の水を測り難く深い谷底へ投ずるようなものだ」と。

馬祖と百丈との野鴨に関する問答がなされた翌日、馬祖が堂へ来て会衆の前で説教を始めようとすると、百丈が突然に進み出て、礼拝《らいはい》するための仏前に拡げられた座布を捲き収めてしまった。座布を捲くのは説教の終わった時に行うのである。馬祖はそれを止めもせず、席を起って自分の部屋へ帰ってしまった。そして百丈を呼んで、「わしはまだ一言をも吐かぬ先に席を捲くとはどうしたことか」と、訊した。百丈は答えた「昨日和尚に鼻を捻《ひ》ねられて、まだ痛うございます」と。馬祖は「お前は何をぐずぐずまだ考えているのだ」と言った。百丈は「いえ、今日は何にも痛くはございません」と答えた。この一言で馬祖は百丈の悟りを認めたと言う。

この例は悟りを得ることによって起こる人の心のなかの変化が何であるかを充分示しているものである。悟りを得る迄はいずれも無力な人間であった。彼らは砂漠に彷徨《さまよ》う旅行者のようなものであった。しかし悟りを得た後の彼らは絶対君主のごとくに振る舞うのである。彼らはもはや何人の奴隷でもないのだ。彼らは自らの主人公となったのである。

悟りと呼ばれる心の開明について以上の例より、さらに進んで二、三の要点を研究し、かつそれの説明を試みることとしよう。

（一）禅の訓練は瞑想によって自己暗示または自己催眠の状態に達するものと想像されることがある。以上種々の引例によって見られるように、この想像は全然誤っている。悟りは決して強度な思念によりてある種の予想状態を生み出すものではない。それは物の見方に対して新しき見地を獲得することである。意識の発生以来、吾々はある種の概念的な、または分析的な方法で、内的並びに外的状況に応答するようになって来た。禅の訓練はこの基礎工事を一挙に覆して全然新しい基礎の上に心全体の機構を建て直さんとするのである。ゆえに相対的意識の産物であるところの形而上学的な、または象徴的な命題を瞑想することは、禅においていかなる役割もはたすものでないことは明白である。

（二）　悟りを得なければ、何人も禅の真理に入ることは出来ない。悟りは今迄夢想だにもされなかった真理に対する新しい意識への突然の閃きである。それは知的または表現的事項を多く積み重ねた後に、一時に起こるところの一種の心的激動または爆発である。この分別的堆積が絶頂に達して、もうこの上積まれぬというところまで行くと、この建物は地上に倒れる。その時に新しき天が眼の届く限りに開けるのである。氷点に達する時に、水は忽然として氷となる、液体が一時に凝固する、もはや流れない。悟りは人がその全心全体を消耗しつくしたと思う時に、不意に来るものである。これを宗教的に言えば、新生であるし、知的には新見地の獲得である。世界はあたかも今や新しき衣裳を着けたごとくに見え、仏教の言葉で言えば迷執《めいしゅう》と呼ばれる醜悪な意識の二元的機構が、これによりて崩壊を起こしたように思われる。

(三)　悟りは禅の存在の理由で、これなくして禅は禅ではないのである。ゆえにすべての工夫——訓練的にも、教理的にも——すべての工夫はこの悟りを目標とするものである。禅の師匠達は、悟りが自ら来るのを辛抱強く待つことが出来ず、すなわち特発的《スポラデイカリー》に来たり、あるいは先方から随意にやって来たりするのを気永に待っていることが出来なかった。禅の真理を探究せんとする弟子達を援助しようとする師匠達の熱心は、ここに悟りを開くために、より組織的な方法で、ある明白に迷語的とも見える一種の提示を案出するに至った。多くの宗教家や、哲学者らに依って、今日まで実行されて来た知的論証《インテレクチュアル・デモンストレーション》や訓誡的勧告《エギゾータトリー・パーシュエーション》は彼らが期待したほどの効果を納め得なかった。そしてその門弟達はますます遠くへ遠くへと、迷い去るばかりであった。ことに仏教が初めて印度の高遠な形而上学的抽象や、最も複雑な瑜伽《ゆが》的訓練を携えて支那へ入った時に、この傾向は著しかった。これは、より実際的な支那人をして、いかにして釈迦牟尼の中心的教義を把握すべきかに迷わしめたものである。菩提達磨や、六祖慧能や、馬祖道一・石頭希遷やその他支那の教祖達は、つとにこの事実を看取して、その結果として「禅」が唱導され、またそれの発達を見るに到ったのである、悟りは彼らによって修多羅《しゅたら》の学問、奢《しゃ》薩《さ》恒羅《たら》の深遠な議論以上に置かれて、禅そのものと同一視されるに至った。ゆえに禅は、悟りなくしてはまったくその辛味を失った胡椒のようなものである。しかしまたあまりにその臭味のとれぬ悟りなるものがあるが、それは忌むべきである。

(四)　自分がここに禅の悟りを強調せんとするのは、やがて印度や支那における多くの仏教宗派によって行われているところの禅那の体系と、その全然区別さるべきものであることを明瞭にせんと思うからである。禅那は一般にある定まった思想へと向けられた、一種の瞑想もしくは静慮と思われている。そしてこれが小乗仏教では無常の思想に向けられ、一方大乗にあってはさらにしばしば虚無の教義の上に向けられているのである。心が、訓練されて、意識の痕迹もない、それは無意識であることの感じすらもないところの、完全な空虚の状態を体得した時、すなわち換言すれば、心的活動のすべての形が意識の分野よりまったく一掃されて、心が一片の雲翳《うんえい》をも残さざる蒼空のごとくになった時に、禅那が初めてその完全性を得たものと言われるのである。しかしこの状態は恍惚または失心と呼ばれ得るかも知れないが、これは「禅」ではない。断然として「禅」ではないのである。「禅」には悟るということがなくてはならぬのである。そこには知識的なものの堆積が絶滅せられて、新生涯への基礎を築く一般的な心的隆起がなければならない。今まで夢想しなかった知覚の独立があって、まったく特異な角度から旧来の事象を観察する新意識の覚醒がなければならぬのである。しかるに禅那にはこうしたものは何もない。それは単なる心の静寂なる修行に過ぎぬからである。かような禅那は疑いもなくそれ自身の特徴を持っている。が、それは「禅」と同一のものでは断じてないのである。

(五) ある基督教的神秘主義者などによって抗弁されるかも知れないが、悟りは神を見ることではない。それは創造の働きを直観することである。造物主そのものの仕事場を覗くことである。この主要問題については、冒頭より明確に断っておき、かつ力説した問題である。創造者は世界を作るに忙しいこともあり、あるいは仕事を休んでいることもあり得るのだが、禅はそれらの事項に関係しないのである。禅は創造主の支持に依存しないからだ。人生の根本の理由を発見すれば、禅はそれで満足するのである。五祖山の法演は弟子の前に自分の手を差し出して、なぜそれが手と呼ばれるかを訊ねた。吾々がその理由を知る時にそこに悟りがあるのであって、「禅」があるのである。しかるに神秘主義の神というものをそこにおくとすると、そこには判然たる目的物の掌握があるわけだ。すなわち神を摑み得た時は、神に非ざるものを拒否することになる。これは自己限定である。しかるに禅の要望するところは絶対自由にあるのだ。禅は神からの独立をさえも要望するのである。「応無所住而生其心」とは実にここを意味する。「仏陀と言う時に、汝の口を浄めよ」もまた同意義と言える。禅は決して不浄と無神を欲するものではなく、ただ単なる名称の不完全を認めるのである。薬山は経典の講義を求められた時に、一言も発せずに、講壇を下って、そのまま部屋へ帰り、また百丈は単に数歩前へ進んで立ち止り、両腕を開いたが、この行為は実にこの間の消息を伝えたものである。

(六)　悟りは、変態心理学の研究に好個の材料を供給するような、病的な心的状態ではない。もし禅が何物かであるとするなら、それは健全な心の状態そのものにほかならぬのである。私は「心的隆起《メンタルアップヒーヴアル》」の語を用いたが、かく言えば、あるいは禅を以て何か普通人の避けねばならぬ物のように考えるかも知れぬ。これははなはだしく誤った見解であるが、これは不幸にしてしばしば偏頗な批評家によって抱かれるところのものである。趙州が言ったように、「禅は汝の日々の心持である」。すべては扉が内に開くか、または外に開くかの調節に依存している。わずか一瞬の間にすべての事態が一変して禅が得られる。しかして、自身元のままながら完全で普通な人なのである。が、同時に何物か全然新しいものが得られたのである。何となれば、すべての心的活動は今や以前とは異なった基調に従って動き、しかして一層満足な、一層平和な、かつ従来かつて味わったことのない歓喜の充実が得られるのである。人生の調子は一変するのである。禅を得ることには、何か人を若返らせるものがあって、春の花はより美しく見え、山の小川はより冷ややかに流れ、またより透明になるのである。この状態を招来するところの主観的革命は、変態とは言えない。人生がより楽しくなり、その世界が全宇宙を抱擁するに到る時に、悟りには何物か確かに貴重なもの、何物か努力の価値あるものがあると言わねばならぬ。

公　案

禅は東洋精神の無類の産物であって、この無類の点が実践的方向をたどる限り、心を組織的に訓練して、以て悟りの域に到達せしめるのである。その場合悟りの神秘がすべて顕わされるのである。神秘主義的のものであると言われるかも知れないが、その組織において、訓練において、はたまた最後の達成において、他のすべての神秘主義とは形態を異にするものである。しかしてそれは専《もっぱ》ら公案《こうあん》及び坐禅の存在するがゆえである。

坐禅、あるいはそれの同意語、梵語の禅那《ドフヤーナ》は、いわゆる結跏趺坐《けっかふざ》して沈思黙考することである。これは言う迄もなく印度に起こったものであるが、ついに東洋全土に普及した。爾来《じらい》幾世紀の間実行されて、今もなお禅の修行者によって厳格に墨守されている。この点で坐禅は東洋における実際的精神の訓練法として卓絶するものであるが、しかもこれが公案と並び用いらるるにおいては、さらに特異の形体をとりて、禅特有のものとなるのである。

坐禅、あるいは禅那が、何物であるかを、詳細に説明するのは本章の目的ではなく、本章では主として今日東洋に行わるる禅の主要なる特徴であるところの公案について説明をすることにある。元々禅那は仏教の訓練における三学、すなわち尸羅《シーラ》(戒)、禅那《ドフャーナ》(静慮)、般若《プラジュニャー》(智慧)の一つである。善き仏教徒は仏陀の垂訓をすべて誠心誠意を以て恪守《かくしゅ》し、自己の放恣《ほうし》な激情をまったく抑制する方法に通達し、しかして最後に深遠なる仏教哲理のあらゆる複雑な論理をも会得し得るに足る程、知的であることが期待されている。これらの資格の一つを欠く時には、釈迦牟尼の善き教徒と称することは出来ない。しかるに時代の経過と共に差別を生じて、ついにある仏教徒はこれら三学のなかの一つをことに偏重するに到った。ある者は非常な道徳家となり、ある者は禅那の修行者となり、ある者は仏教教義のなかに含まれている知的な詳しい研究に努力した。禅の修行者達は、禅那の実行者であると言えるかもしれないが、禅にあっては禅那がその本来の意味において理解されないのである。というのは禅は精神的修行の特別な印度的型態の実践において、禅那とは異なる禅自体の目的を持つからである。

天台宗の開祖智者大師(智顗《ちぎ》・五三八—五九七)によって組織的に解釈された

「禅那波羅蜜」の中に引用されている大乗経典によれば、禅那は信仰深いすべての仏教徒に抱かれている四弘《しぐ》誓願《ぜいがん》を成就せんがための実行である。四弘誓願とは、（一）衆生無辺誓願度、（二）煩悩無尽誓願断、（三）法門無量誓願学、（四）仏道無上誓願成、である。

次に禅の功徳は左のごとくに説かれている。

「禅は善き智慧の蔵である。
恵みある功徳の田地である。
混濁のない水のごとくに、
情欲の塵を拭い去るのである。
禅那は金剛の鎧《よろい》である。
煩悩の毒矢を防ぐ。
また無為の境地に到らぬものでも、
涅槃の途へと早くも進んで行くのである、
金剛三昧《ざんまい》をすでに獲たからだ。
障礙《しょうげ》や繋縛《けばく》の山々は高くあろうともばら〳〵に崩れんとしている。

禅者は六神通《じんずう》の所有者である。

かくて彼は無辺の衆生を度し得るであろう。愛恚《あいげん》の塵が非常に高くなって天日を蔽う時、大雨到ってそれを洗い去るであろう。知的透明の風もまたよくこれを掃いのけるであろう。されどこれを徹底的に破壊し了するは、ただ〳〵禅だけである」

禅那、すなわちDhyāna は語原 dhyāi から来たもので、この語は「知覚する」、「反省する」、「心を集中する」等を意味し、なお言語学的には、「持つ」、「保つ」、「維持する」という dhā とある関係を持っている。すなわちDhyānaとは人の心を集中し、正道《しょうどう》より遊離させざること、すなわち精神を思想の唯一の目的物に集中することを意味する。従って禅またはDhyāna を修行するには、意識をして外界における すべての瑣事《さじ》を整理し最も好ましき状態に赴き得るように支配せしむるにある。この状態にあっては、精神は漸次にその煩悩の動乱の上に超越することを得るであろう。たとえば飲食の節度を保ち、過度の睡眠を避け、体軀を心よく保つと同時に、姿勢を直立させることである。なお調息に関してはかの印度人の呼吸法は有名なもので、立派に芸術的である。次に禅那修行者の趺坐する場所の選択は、これまた慎重に考慮を要するものであって、たとえば市場や、工場や、あるいは事務所の附近は避けた方がよかろう。その他肉体及び精神に関する規則、注意書き等は多数に存し、智者大師の「禅那波羅蜜」に関する書中に詳細にわたって記述されている。この書は主として大乗の見地より、説いたものである。小乗的解釈については読者は倶舎論《くしゃろん》を参考にせんことを希望する。

しかし禅那、あるいは坐禅についての仏教教義は実に煩瑣《はんさ》な問題であるから、吾々の目的としては単に禅那と多少同意的に用いられてきた他の語を二、三記述することとして余り深入りしないこととする。禅那という文字は、心の安静を保持する一般的方法を指し、Samādhi（三昧）は禅那修行の結果として得られた心の状態に用いられているようである。静慮《クワイエットメディテーション》を表わす語には普通六種ないし七種あって、各々特有の意義を有し、それらの説明はそれぞれの書物に掲げられている。すなわちSamāhita（等持）、Samādhi（三摩地《さんまじ》）、Samāpatti（三摩鉢底《ぱってい》）、Dhyāna（禅那）、Cittaikagratā（心一境）、Śamatha（奢摩他《しゃまた》）、Dṛṣṭa-dharma-sukha-vihāra（現法楽住）等である。

如上の禅に関する簡単な説明を以てするもなお判然たるごとく、禅の修行による坐禅は一般仏教徒の実行するところのそれとは心の上の目的を異にしている。禅においては禅那、あるいは坐禅は公案の解明に達する手段として用いられる。禅にあっては禅那そのものが目的でなく、公案問題の解決という点から見れば、坐禅の実修は第二次的である。禅那は禅の奥義を極むる上に必須の附帯条件であることは疑いない。なんとなれば公案が了解されたにしても、これが深遠なる精神的真理は、坐禅の修行において徹底的になされなければ、禅学徒の心にピッタリとしないであろう。公案と坐禅とはいずれも「禅」そのものの婢僕《ひぼく》である。すなわち前者は眼であり、後者は脚である。

支那における仏教初期時代にあっては、哲理的議論はまず真摯《しんし》な仏教学徒の注意を惹き、華厳、法華、般若、涅槃のごとき経典がつとに支那に翻訳され、これらに含まれている深遠な形而上学的思想は、同じくこれら経典中の他の思想に勝って痛く支那の学者の興味を唆《そそ》った。特にかの無比の鳩摩羅什《くまらじゅう》こそは支那の仏教学者をしてテキストの知的体得に成功せしめた偉大な推進力であった。次いで仏教の倫理的研究が起こった。支那禅宗の初祖菩提達磨が第六世紀に、印度より渡来した時、彼は一種の邪教徒として世の疾視するところとなった。仏教の哲学者は彼を理解せず、彼を憎んだのである。六祖の慧能が人知れぬところから出て来て、禅の正当な伝道者であると呼ばわった時、他の禅那の修養者からはさしたる注意を惹かなかった。この時代迄は禅ですらも、吾々が支那初期仏教の伝記的文書中に読み、あるいはなお現代迄に伝えられた禅那に関する経典から推知が出来るように、主として小乗流に修行されていたに過ぎなかった。今日吾々の知っている禅が実質的に存在し、以後すべての仏教諸派を迅速に圧倒するに到ったのは、慧能より一、二代後のことであったのである。現代支那における仏教僧院にて禅宗に属していないものはなく、その大部分は臨済宗に属している。

かく禅が他を圧倒するに到った他の数々の理由のなかの一理由は、公案を了解することと悟りを得る方法として坐禅修行することに基因するものである。しかも公案はついに悪用されて、追って述べるように、また禅をして敗退萎縮の機運を作らしむることになった。

公案は文学的には公文書、あるいは権威的法規を意味するもので、宋朝の末期に流行した言葉であった。現在では古《いにしえ》の禅師の逸話、あるいは師匠と弟子の間の問答、または禅師によって提出された命題質問を意味し、すべて心を開き、禅の真理に導くための方法として用いられている。勿論初期にあっては今日吾々の知るような公案は無かった。これは後世の師匠達が、その溢れんばかりの老婆心から天賦のない弟子の精神的進化を強いて計らんがために工夫された一種の人為的手段である。心はそれ自身でも大きくなり、放っておいてすら、自己の目的物を成就するものであるが、人はいつでも待つということが出来ない。善きにつけ、悪しきにつけ干渉することを好む。彼は決して辛抱が出来ないのだ。チャンスを握ることがあればいつでも色々と世話を焼く。干渉も時には援《たす》けともなるが、時には絶対にしからざることもある。一般に好悪の両方面に働くものである。失ったものより得の方が多い場合に、人の干渉を歓迎し、これを呼んで改良とか、進歩とか言うし、その結果のしからざる場合を退歩と称するのである。文明とは人為的、技巧的のものである。しかしある者はこれに満足せず、自然への帰還を欲する。それで、いわゆる現代の進歩というものも、必ずしも全体の生活において純粋無雑なる幸福とは言えないのである。但し大体において、少なくとも物質的には、吾々は以前よりは幸福な生活を営んでいるように思われるし、また将来に向かって何らかの進歩の徴候が窺われるようでもある。ゆえに吾々の不平も多くは烈しくは唱え出されぬのである。

これと同様に純粋で、自然的で、かつ要素的なものを持っている禅そのもののなかへ公案体系を導き入れることは、禅に対する冒瀆でもあり、またある意味では、進歩でもある。しかし公案体系を一度び「禅」の間に入れた以上は、今にわかにこの体系を聴することは至難である。勿論、禅の師匠が、才能に恵まれず、自己のごとくに幸福ならざる弟子達を考えて、その体機を自分のごとくに熟させ、禅の真理に達することの出来ないような人々を懸念して、何とか世話を焼かんとするのは、これも人情の自然であった。彼らは能うべくんば、自らが禅の神秘を通じて得たと同一の透脱した不思議な幸福を、自分達の弟子にも授けんと欲したのである。その慈母の情にも似たる彼らの本能は彼らを駆って、もし無智の状態に放任されたらんには、何か僥倖《ぎょうこう》の機会逢着のなき限りは、決してこれに出合うことのあらざるべき弟子の心眼を開き、悟りの未知の美に強いて至らす何らかの方法を考えしめたのである。禅というものは人々の内的活動より発生するに非ざる限り、到底本然の純粋でかつ創造的活力に充ちたるものとはなり得ざるものであること、公案の手段及び技術は頗る人工的なものであることを、禅匠たちはよく弁えている。しかし真正の物が得るに難く、かつ稀有な場合には、類似物でもあれば、それでも天の恵みであろう。しかのみならず、この真正なる物が人間経験の伝統のほかに全然消滅し去らんとする傾向のある場合には、何かの手段をつくして、これを人為的でも何でもよい、くい留めなくてはならぬと言うても、必ずしも単なる一時的な弥縫《びほう》手段ではなく、そのうちには何物かまったく真実な、そして多くの可能性に富んだものが含有されているやも知れないのである。それは公案と坐禅との組織は、これを適当に利用するならば、時には、事実、吾々の心を開きて、しかして禅の真境地に到らしむるものである。はたしてしかりとすれば吾々はこれを採用して充分にその活用法を講ずべきではないか。

禅の師家は、最初はいわば独学の士であった。彼は学校教育を受けず、ある種の学科教程を習得するために大学へ送られることもなかった。が、彼の精神を鼓舞するところの内面的必要に迫られて、自ら必要とする知識を求めるため、諸方を歴遊してこれを体得することを怠らなかった。彼は独力で自己を完成したのである。元より彼には教師があった。しかし教師は今日の学生が助力を与えられているようには指導されなかった。実に今日の学生はしばしば必要以上、ためになる以上に、助力が与えられている。かくのごとき軟柔教育の欠乏は、昔の禅の師家をして一層偉大なる気力に満たされた人物たらしめたのである。禅がその初期において、すなわち唐朝の中頃において、花々しき活気を呈し、熱力に溢れた所以《ゆえん》であった。宋朝の末期に到ってこの公案の組織が流行するに及び、禅の全盛時はほとんど過ぎ去り、これから漸次衰微老耄の徴候を呈するに到らんとした。

ここに後世の学徒に垂示された初期の公案の一つがある。六祖がかつて「禅とは何ぞ」と、明上座《みょうじょうざ》に訊ねられた時、答えて言った、「不思善、不思悪の時、汝の本来の面目は何か」と。この「本来の面目とは何か」を解けば、禅の神秘が得られるのである。「アブラハムの生まれし前にわれあり」という、この「われ」なるものの面魂を見んというのである。吾々が個人的に、好友的に極めて親しくこの「われ」と会見する時に、真の自分が誰であり、神が誰であるかを一層明らかに知ることが出来るのである。すなわち六祖慧能はこの本来の「われ」と手を握ること、あるいは哲理的に言えば、内的真我と握手することを教えたのである。

この問題が明上座に与えられた時、上座の心はこの問の精神を見極め得べき相当の程度に円熟していたことを六祖は認めたのであった。この問はその形において単に疑問に過ぎないようであるが、その実は聴者の心眼を開かんとして掛けられた肯定的命題であった。六祖は明上座の心が正に禅の真理に対して開かんとしかけているのを知っていた。明上座はすでに永らく暗中模索をやってきたが熱心であった。その心はあたかも熟した果物がわずかの揺らぎで地上に落ちるように、まったく成熟していたのである。すなわち彼の心は師の手によって最後の一触をただ求めていたのである。「本来の面目」に対する要求が、重要な最後の完成であって明上座の心は直に真理を開き摑んだ。

しかしかかる「本来の面目」のごとき問が、いまだ禅の修行に志したことのない初心者に、明上座の場合のように掛けられる時には、それは初心者の心を開き、彼が今迄日常普通の事実、あるいは理論的に不可能事と思惟し来たったものが、必ずしもしからざること、あるいは彼が従来取り来たった物の見方が常に正鵠《せいこく》を欠き、なお自己の安心立命《あんじんりつめい》への援《たす》けとならなかったという事実を悟らしむるものであったのである。これが会得されたならば、禅の学徒たる者はこの命題を熟慮玩味して、いやしくも真理の存するものあらば、宜《よろ》しくそれに到達することに努力すべきである。研究者を追い立ててこの参究態度に出でしめようとするのが、公案の目的である。ゆえに真面目に公案に向かう者は、ついに自ら谷底に跳び込むよりほかに道のない精神的断崖の絶端に達する迄進まねばならない。精神的生活が行きづまって、彼が最後の把握を断念せんとする時が、やがて六祖の提唱によって期待さるるところの「本来の面目」の全貌の窺われる時なのだ。

かくのごとく今日の公案なるものは、往時始めて禅が研究せられた時は全然同一の方法で取扱われていないことが解るであろう。往時公案が提出された時には、それは禅意識が絶頂に達した時であった。いわばすでに働きの熟しきったものが、ここで最後の完成を遂げられるものと言ってよいのである。それが今日では競技の先頭に立つようになったのだ。しんがりに来るものが先鋒になったわけである。近来では公案は起動者として用いられている。すなわち競技または仕事は、それによって発足の機会を受けるようになった。最初は多少機械的に適応されることがあっても、それは漸次に禅の真理へ向かって調子を揃えて、順当に成長して行くものである。これを喩《たと》うれば、公案は丁度酵母の働きをするものである。そして因縁が整うて、条件が充足するにおいては、ここに初めて心は大悟の域に達するのである。かく公案を方便的に用い、同時に隠れたる真理への心眼を開くために使用することは、現代式禅の特徴である。

白隠禅師はよく隻手《せきしゅ》を出し、それの声を聴くことを弟子達に要求した。普通に音声は両手を拍《う》つ時にのみ聞かれるもので、この意味から言えば、隻手だけでは音声を発しないのである。しかし白隠は論理的基礎に立脚する日常経験の根本を打破せんとした。この根本的打破こそ禅の上に新規なるものを打建つるにおいて必要なのである。かるがゆえに白隠によりてこの明らかに不自然で、不条理な要求が、しばしば若き僧徒に掛けられた。

先の「面目」の公案は何物か見るべきものであり、後者の「音声」に関するものは、何物か聴覚に訴えるもののようである。しかし両者の終局の目的は同一であって、両者とも無尽《むじん》の宝物を取出すよう、心の秘庫を開扉せんとするものである。視覚にせよ聴覚にせよ、それは公案の主要使途とは何の関係もなきものであって、師家達の言うがごとく、公案は扉を敲《たた》くための一片の瓦子《がし》、また月を指すところの一本の指には過ぎぬのである。それは単に意識の二元を綜合か超越か——いずれの表現を用いるにもせよ——かくのごとき出来事のあるように意図されたるものである。心が何かに束縛せられて、その自由を失い、音を聴くことが出来ぬ限り、それは制限され、かつ分割されているものと見るべきである。創造の秘密に対する鍵を握る代わりに、それは悲しくも事物の相対性の下に、従って存在の表面下に葬られているのである。心が拘束から解放さるる迄は、人がこの世にあって安住し得る時は来ないであろう。真に隻手の音声は、上は天界、下は地獄迄も響く、しかしてこれはあたかも本来の面目が世の終わる迄も、創造の全野を眺めているようなものである。白隠と六祖とは互いに手を握って同一のプラットフォームに立脚している。さらに他の例を挙ぐれば、趙州が菩提達磨西来の意（仏教根本義を訊《ただ》すと同様である）を訊ねられた時、「庭前の柏樹子《はくじゅし》」と答えた。一僧が「あなたは境を以て示しておられる」と言うと、「いや、境を示していない」と答えた。そこで僧が「それなら仏教の根本義は何か」と訊ねた。趙州はまた「庭前の柏樹子」と答えた。これはまた初心者に公案として提出されるものである。

抽象的に言うならば、これらの公案は常識的見地からしても、全然不合理のものではなく、これを論究すれば惟《おも》うになお論理的に多少の余地が存する。たとえば、ある者は白隠の隻手を以て宇宙、あるいは絶対性の表象となし、または趙州の柏樹子を以て崇高な教義の具体的表現とする。ここに人は仏教の万有神教的傾向を認めようとするかも知れない。しかし公案をかく知的に理解することは禅ではなく、こうした哲理的表徴などは全然存在しないのである。禅は決して哲学と混同すべきものではない。禅は禅として存立する独自の理由があるのであって、この事実は決して忘れられてはならぬ。しからざれば禅の全構造は崩壊するのである。柏樹子は永久にそのままの柏樹子であって、汎神論あるいはその他の「論《イズム》」なるものと何らの係わりはないのである。趙州は、広い意味で、また通俗な意味を以てする、哲学者では断じてなかった。彼は徹頭徹尾禅の師家であって、彼の口から洩れたものは、すべて彼の精神的経験から直接発露したものである。ゆえに禅には主観と客観、思想と世界などという二元論はまったくないのであるが、ある種の経験主体を離れては柏樹子は全然その意義を失うものである。もし趙州の言葉が知的もしくは概念的のものであったならば、吾々はそのうちに含まれている意義を論理的思想の連鎖によって了解することに努力し、ついにはこの難問を解し得たと思惟することもあり得よう。しかも師家達はこの時においてすら、禅はなお吾々を去ること三千里の遠方にあることを告げ、しかして趙州の霊は吾々がついに除去し得なかった幕の背後から声高らかに笑うことであろう。公案は論理的分析の到達し能わざる吾々の心の奥底で育て上げられるようにせられたものである。心が成熟して、趙州のそれと融合するに到れば、柏樹子の意味は自ら了解さるべく、しかしてそれを会得し得たという確信は自然にそこから出るであろう。

覚鉄觜《かくてつし》という趙州の弟子が、師の没後、趙州が本当に「仏教の根本義はいかん」との問に答えて、柏樹子と述べたか否かを訊ねられた時、彼は即座に「師匠はそんなことを言ったことはない」と答えた。これは全然「事実」と矛盾し、趙州がこの言をなしたことは周知のことであり、覚鉄觜自身もよくこれを知悉するところであったのである。質問者がこの問を発したのは、「柏樹子」の意義について彼の洞察力の程度を試みたものであった。そこでなお追求して、「しかし人は皆知っているに、あなた一人これを否定されるのはいかがか」と訊ねた。鉄觜は「師匠はかってさようなことを言われたことはない。師匠をかくまで辱しめないことを希う」と主張した。何という大胆不敵な言葉であろうか。しかし禅を会得する者には、彼のこの明白な否定は、彼がつくづくその師の精神を理解していた争うべからざる証拠であることが解るのである。彼が禅における悟達に関しては疑いを挟む余地はない。かく対蹠的に相反した提案に対して、和協的渡しを計らんことは、いかなる論理もよくするところではないであろう。ゆえに禅は、件《くだん》の柏樹子の話頭を以て、大乗仏教の汎神論的表現であるとなすような批評家に対しては、容赦なく排斥する。

このゆえに公案はすでに述べたるごとく、一般的には合理化へのすべての通路を遮断するものである。すなわち二、三回自分の見解《けんげ》を師の前に提出すると、――テクニカルにはこれを参禅と言うが――吾々は必ずついに自分の知的模索の行きづまりを告ぐるに到るのである。しかしここに禅研究の真の出発点がある。入禅には何人も必ずこれを体験するのである。一度びここに到達すれば、公案のその目的の半ばを達成したるものと言うことが出来る。

一般読者の禅理解に資せんがために、便宜的の言葉で言うならば、吾々の心中には相対的構造の意識の「域外」に、知られざる秘密が存在するのである。これを潜在意識とか、超意識とか称《よ》ぶのは妥当でない。「域外」という言葉は、禅意識のある状態を表わすに最も便利だと思われる点から使ったまでである。しかし事実は、「域外」とか、潜在「意識」とか、「超意識」などいうものはないのである。心は全一であって、これを分かつことは出来ない。しかるにこのいわゆる「不知の境界」というのは、禅の説明の一般的方法として仮に用いられたものである。吾々に知り得られる知覚の領域はなんであろうとも概念の屑に充たされたものであるからである。それで屑を除くことが円熟せる禅経験に絶対的に必要なことである。禅の心理学者は時に吾々の心のなかにある近づき難き領域があると言う。現実にはかような領域は吾々の日常の意識を離れてはないのであるが、吾々は理解を容易にするためにただ一般にそう説くのである。公案が究極の真理に対して障碍物を破壊する時、心には隠された秘密のようなものはまったくなく、常に非常に神秘的に顕れる禅の真理すらもないのである。

公案は謎語《めいご》でもなければ、また頓智《とんち》の言でもない。それは明確な目的を持つものであって、疑念を喚起し、それを極端に迄推し進めて行くところまで行くのである。論理的基礎に築かれたる提言は、ただ論理的意義を通じてのみ理解し得るもので、これに関する疑問あるいは難問は、すべて思想の自然の流れを追求し行けば、自ら解決に達し得るものである。すべての河流が大海に注ぐことは言を俟《ま》たない。しかし公案はその中途に立てる鉄壁である。そしてこれを乗り越そうとする人の懸命な知的努力を圧伏し去ろうと脅威する。趙州が「庭前の柏樹子」と唱えた時、白隠が隻手を突き出す時、その意識を闡明《せんめい》すべき論理的方法はないのである。吾々はあたかも自分の思想の進行が突然中断されるかに感じ、全然通過不能と見えるこの鉄壁をいかに打破せんものかその術《すべ》を知らず、この困惑に当面して気を苛立てるのである。かかる極点に到達すれば、吾々の全人格、すなわち問題を突破せんとする内的意志、すなわち胸中深く秘められた性格根本の力は決然として起ち上り、停頓の現状を決裂させせんとする。心中にはアレ、コレの区別なく、自愛の心も自己犠牲の考えもなく、単刀直入に、全力をつくしてこの公案の鉄壁に向かって突進して行くのである。かく公案に対して捨身にぶつかることは、意想外にも従来意識されなかった、心中の領域を開くのである。これは知的には、論理的二元主義の限界を超越するものであって、しかも同時に更新を意味し、人をして物の真相を洞察せしむるところの内的意識の覚醒と言うべきものである。ここに初めて公案の意味が明瞭となり、また同時に人は氷が冷ややかで、また凝結するものである意味を会するのである。なるほど眼は物を見、耳は音を聞く。しかし悟りを得たものは、全体としての心である。あるいは心の奥の心であると言ってよい。なるほど、それは知覚の一動作ではあるが、しかもそれは最も高級な知覚である。ここに禅修行の価値が存しこれによって禅は、単なる知性以上のある物であるという確固不抜の信念が獲られるのである。

一度この公案の障壁が打破され、知的障碍が除去さるれば、人はここに再び、いわば普通相対的構造の意識に立ち帰るのである。所得は無所得であったということになる。すなわち隻手は他の手で拍たれる迄は音を発しない。柏樹子は窓外に直立し、人間はみな真直に鼻をつけ、目は横に並べている。禅はこの世の普通事である。かつて遠方に横たわっていると想像した原野は、従来毎日歩いていた原野であったのだ。そこで人は悟りより出で来たった時、各種の対象、思想を共に論理的なものに包有するところの親しい世界を見て、これらを「善哉《ぜんざい》」と叫ぶのである。

いまだかつて公案組織の存在しなかった時には、恐らく禅は一層自然的であり、かつ純粋なものであったろうと思われる。しかしこの意旨を極め得た人は、選ばれた少数の者に過ぎなかったのである。今仮に吾々がその当時に生存していたとし、もし手荒く肩を摑まれて振り廻されたらどうであるか。あるいはもし「乾屎橛《かんしけつ》」と呼ばれたら何とするか。あるいは禅師から座蒲団《ざぶとん》を渡せと命ぜられて、その報酬に打擲《ちょうちゃく》されたならばどうか。禅の深さを測らんがために鉄石の心を持ち、禅の妥当性に対して大地のような確固たる信念をもっているならば、瞑想裡の永年を過した後には、あるいは成功を見たかも知れないが、しかし現代にあってはかかる例は極めて稀なのである。吾々は禅の迷路をまったく一人では歩むことの出来ないあらゆる仕事に非常に心を狂わされている。唐朝の初期には人心も単純であって、容易に物を信じた。それらの人々の心は知的な偏執を詰込まされていなかったのである。しかしながら多くの事柄が起こるにつれて後世には禅の活気を維持することが出来なくなり、禅がさらに親しみ深い一般的なものに拡がるような何らの手段を見出すことが必要となった。公案の実修は青年や将来ある者に役立つようになさるべきであった。禅の存在はこの意味において到底真宗や基督教の意味での民衆的宗教とはなり得ないが、しかし六祖慧能以後幾多の世紀を通じて禅が連綿として伝道されて来た所以は、私の見解を以てすれば、主として公案組織に基因するものである。禅が根源づけられた支那にはすでに純粋の禅の形式は存在せず、それの伝承は早くもなくなった。仏陀の名号《みょうごう》を称念する弥陀往生の実践が非常に沁み込んできた。禅が今なお栄えて、正統な唱導を見るのは、ただ日本においてのみである。これは坐禅修行と関聯して公案を示す方式によるものであると信ずる理由は多々存している。そしてこの方式が人為的であるのは確かであるが、それは恐るべき失敗から吾々多数を保護してくれる。しかして禅の生命はこれを通じて持続されているのである。この方式をほどよく求める人々には、本当にすぐれたる師匠の下にあって、禅経験は可能であり、悟りが必ず得られるだろう。

かくてこの禅の体験は、ある程度の修行の道をたどれば実現の出来るものであることが知られ得る。すなわち公案の実修は一定の目的を以て的確に築き上げられた組織である。だから、禅は決して他の神秘主義のごとくに突発的で、経験出来ない気まぐれのものと同一視すべきではない。従って禅の最も特徴とするものは、公案の組織化である。禅をして夢幻状態に陥ることや、単なる黙想に堕することや、偏執的実修に落ち込むことより吾らを救うのは、実にこの組織である。禅の志すところは生命をその活動状態において把握することであって、生命の流れを阻止したり、それを外から眺めたりすることは、禅の仕事ではない。我々の精神的幻影の前に、公案をつねに持っていることは、心をぶらぶらと遊ばせることなく、常にそれをして完全な活動状態におくことである。悟りはこの心の活動中に獲得されるものであって、一部の人の想像するように、それを抑圧することによって得られるものではない。禅が、一般に理解され実行されているような黙想と、どれ程まで相異するかについては、すでに公案の性質に関して述べた説明によって良く了解の出来ることである。

禅の組織化は支那五代の初期時代すなわち十世紀に始まった。それの完成は日本にありて徳川時代に現れた白隠禅師の天才によるものである。公案の濫用に対する世上の非難はともかくも、日本の禅を全滅から救ったものは公案であった。今日では単なる名目に過ぎないと思われる支那の禅が、いかなる境遇にあるかについて考えて見よ、しかして再び今日日本における曹洞宗の禅の帰依者間に行われつつある一般の傾向について注意して見よ。曹洞宗の禅に多くの美点の存することは否むことの出来ぬ事実ではあるが、禅の生命に関しては、これを公平に批評すれば、公案の方式を採用している臨済の禅における偉大なる活動があると言い得られる。

ある人は言うであろう、「もし禅を以て事実汝の言のごとく、遠く知的範囲を逸脱するものとすれば、それに何かの組織のあるべきはずはない。事実何もあり得ないのである。それは組織という観念そのものがすでに知的のものであるからである。まったく首尾一貫の合理的のものであるには、禅は経過・組織・訓練の臭味をすべて除外して、単純絶対の経験にとどまるべきものであらねばならない。公案は無用の長物、皮相な存在物、まったくの矛盾である」と。

理論的に言えば、あるいは絶対的見地からすれば、この言は正しい。禅を単刀直入的に主張するにおいては、公案の必要もなく、また迂曲な説明方法も無用である。ただ竹篦《しっぺい》と、扇子と、一句とがあれば足りる。しかも、「それは竹篦である」「音が聞こえる」「手を見よ」、ということですら、禅はすでにそこにはないのだ。禅はあたかも電光のごときもので、一片の考えでさえも抱くべき余地がないのである。吾々が公案あるいは組織を口にするのは、それは単に禅の実際的慣習方面を言う時においてのみである。前に叙べた通りに今本書を書くということも譲歩で、弁明で、また妥協である。特に禅の組織化はそうである。

門外漢にとっては、この組織化は組織化らしくもなく、それは矛盾に満ちたものと見えよう。禅の師匠達でさえお互いに否定し、非難し合っている。一人の主張するところは他が断然と否定し、あるいはそれについて皮肉な言葉を投げたりする。ゆえに初心者は一体これらのいつやむともなき、また無益の葛藤と見らるべきものから、何をなすべきかに迷うのである。かくて公案は彼らをはてしなき迷路へ導く道具のごとくに取り扱われている。

禅を理解するには、無縫の金襴を裏返しにして見なければならぬ。そうするとそこには、縦糸横糸の様々に織り込まれているのが解る。禅の裏返しとでもいうべきものが必要であろう。

宋代の大師の一人なる汾陽《ふんよう》（善昭・九四七—一〇二四）は言った、「人もしこの棒の何たるかを知らば、彼の禅研究は終わり」と。これは実に簡単な公案のように思われる。禅者は拄杖《しゅじょう》といって棒を持っている。これは一種の宗教的権威を示す道具であるが、昔は山登り、あるいは川を渉るとき使用せられた遊歴の上の棒であった。禅者の最も日常に用いるものの一つであるが、教典を説明するために往々これを会衆の面前に取り出すことがある。それが僧達の間にはしばしば大議論の種となった。一人の禅師は汾陽の意見に反対し、「人もし棒の何たるかを会得すれば、恐らく過たず地獄に落ちるであろう」と言った。もしこれが正しいとするならば、惟《おも》うに禅の研究を志す者はなくなるであろう。この禅匠の意味するところ、はたして那辺にあるであろうか。このほかになお破庵なる一人の禅師があって、この人は棒についてはさほど過激ではなく、まったく合理的で、無邪気なことを言っている。「人もし棒の何たるかを知らば、それを取って、そこの壁に立て掛けることだ」。以上の三人の師匠はいずれも同一事実を主張し、同一真理を指しているのか。また言葉においてのみならず、事実や意義においても、互いに背馳していることを主張するのか。そこで棒に関する他の師匠達の提言を考察することとしよう。

睡龍がある日教壇に上がり棒を示して言った。「私はこの二十年間ここで暮らしたが、まったくこの棒のお蔭だ」。すると一僧が進み出て、「どんな功徳を得られましたか」と訊ねた。睡龍は答えた、「流れを渡ったり、山を越えたりするのにこの棒は私を援《たす》けてくれた。これがなかったらどうしたろう」と。

後、招慶という別の禅師がこれを伝え聞いて言うには、「私だったらそう言わなかったろう」。すかさず一僧が訊ねた、「それなら和尚様は何と言われますか」と。招慶はその棒を取ったかと思うと説教壇から降りて出て行ってしまった。破庵はこれら二師について次のような観察を下している。「睡龍の棒はかなり良い物であった。しかし惜むらくは竜頭蛇尾だ。これすなわち招慶をして睡龍を追及せしめた所以である。ところが、彼もまた一場の失敗だ。彼は猛虎に斑点を添えようとした。僧が棒から何の力を得たるやと訊ねた時、何ゆえに彼は棒を取って会衆の面前へ投げ捨てなかったか。しからば真物《ほんもの》の龍となり、真物の虎となって、雲を呼び、霧を呼ぶことであろうに」と。

ここで吾らは愚にもつかぬことに、なぜこうまで騒ぐのかと言いたくなるであろう。もし現代の禅が何かの一体系をなしているならば、それははたしていかなる体系なのであろうか。実に渾沌たるもののように見える。師家達の言は矛盾もはなはだしきものではないか。しかしこれを禅の見地よりすれば、かかる錯雑混乱のなかに一脈の流れがあり、師家達は相互に最も力強く他を援けていることがわかる。彼らは表には明らかに反駁の態度をとるも、実は決して心底からの賛成を阻止するものではない。かくのごとく、論理一点張ではなく、禅特有の方法で相互に称讃し合うところに公案の生命と真理とが存するのである。死した提唱はかくも豊富な効果は収めなかったであろう。白隠の隻手にせよ、趙州の柏樹子にせよ、あるいは六祖の本来の面目にせよ、すべて皆その核心より活きているのだ。一度びその真髄に触るれば、宇宙の万象悉くは吾々が論理や分析を以て葬っていた墓所から起き上がって来るのである。

禅の理解のために、学徒に課される公案について、なお進んで知りたいと希う者のために、さらに二、三の例を挙げることとする。かつて仰山が潙山から一個の鏡を受けた時、彼はそれを僧達の集会《しゅえ》へ持ち出して言った。「潙山禅師から一台の鏡が届けられた。これは潙山の物と言えようか、それとも私のものか。もし私のだと言うならそれが潙山から来たのはどういうわけか。またもし潙山の物だと言うなら、今私の手にあるのはどうしたことか。当を得た返事があれば私は鏡を保存するし、でなければ私は打ち毀《こわ》してしまう」と。彼は三回このことを繰返したが、答える者がなかったので、鏡はついに毀されてしまった。

洞山が教えを求めて雲門の許へ来た。雲門が訊ねた。

「どこから来たか」

「渣渡《さと》から参りました」

「この夏はどこで過されたか」

「湖南の報慈で」

「いつそこを立たれたか」

「八月の二十五日に立ちました」

雲門は忽ち声を上げた。「汝に三十棒を放《ゆる》す、退いて宜しかろう」

夕刻洞山はまた雲門の部屋へやって来た。そして「自分にはいまだ三十棒に価するような重い過失の覚えがないが」と訊ねた。そこで禅師は一喝した、「お前はその調子で全国を放浪するのか。飯袋子《こめぶくろ》めが」。

潙山が仮睡していると、仰山が入って来た。来客と聞いて潙山は身を転じて壁に面した。仰山の言うに、「私は和尚様の弟子でございます、御遠慮は不用と存じます」。すると師はあたかも眠りから醒めたように身を動かした。仰山が部屋から出ようとしたが、師は彼を呼び戻して、「自分は今見た夢のことを話そうと思う」と言うと、仰山は丁度これを聞こうとするかのように身を前方へ屈した。潙山が言う、「お前推量して見たら」と。すると、仰山は部屋を退いて水を満たした盥《たらい》と手拭を持って来た。潙山は水で顔を洗って、まだ元の座に着かぬうちに、香厳という他の僧が訪ねて来た。潙山が「吾々は、今奇蹟を行じていた、それは尋常の奇蹟ではないのだ」と告げると、香厳が答えて言った、「私は今迄下におりましたが、御両人のしておられましたことは、すべて承知しておりました」と。ここで師は「しからばどんなことであったか言って見よ」と求めた。香厳は一杯の茶を持って来た。潙山はこれを見て褒めた、「両人とも実に賢明だ、お前達の才智と不思議な行いはまったく舎利《しゃり》弗《ほっ》や目連《もくれん》の行いにも勝るものだ」と。

石霜が死んだので、弟子達は首座《しゆそ》の者が後を継ぐべきだと考えた。しかし石霜の侍者であった九峰が言った、「お待ちなさい。私は一つ訊ねたいことがある。師の後を継ぐものはこれに答え得る人でなければならぬと思います。亡き師は吾々に教えるにかく言っておられた。

『すべての慾望を断ち、死灰や枯木のようになれ、口は黴《かび》の生えるまで堅く緘《とざ》し、純白無垢《むく》の絹布のごとくあれ、顧みられない仏殿の香炉のごとく冷静であれ』と。これをいかに見るべきか」。

首座が言った、「それは超越絶対の境地を明らかにするものです」。

「ソラ、先師の意味がいまだ充分に解っていない」

「私がわかっていないと申されるか。しからば香を焚かせて下さい。もし私が真実に師の言を会得していないならば、線香の燃え切らぬ前に坐脱（坐しながら死すること）して見せます」と。こう言いながら僧は無意識状態に陥り、再び起たなかった。今は逝ける友の背を撫でて九峰は言った。

「坐脱では、あなたは立派な手本を示された。が、先師の言を了解することについては、まだまだ至らぬ」。この一条の出来事を翫味《がんみ》すれば、禅は無価値な修錬のために一生を費やすものと全然異なっている事実が自ら説明せられるであろう。

公案の数は伝統的に千七百に勘定されているが、これは最も一般的計算法である。実際的効果から見れば、公案は十でも、より少なく五でも、ただの一でも、それで充分に人の心を開き、禅究極の真理に導くことが出来るのである。しかし徹底した悟りは、禅の窮極の目的に対し不撓不屈の信仰を有すると共に、犠牲的精神の最高潮に乗ずることによりてのみ、達成し得られるものである。普通臨済宗徒の行うごとく、公案を順次踏破することのみで得られるものではない。公案の数は全然関係のないものであって、必然的に要求するところは信仰と個人的努力である。これなくして禅はただの泡に過ぎない。禅を瞑想的、抽象的なものと思惟している人々は、その奥義に達することは出来ぬであろう。それは最高の意志力によってのみ測り得るものである。公案の数がわずかに数百を出でざるにもせよ、あるいは宇宙を充たすところの無限の物体の数ほどあったにもせよ、それは吾々にとりて何ら必要なことではない。ただ人をして万物生々《しょうじょう》の現実性を普《あまね》く観察し得て、ここに徹底的に満足な洞察力が手にせられるなら、公案はそれ自身で始末のつくことである。

公案組織に危険の伏在するのは実にここにある。人は公案を以て禅研究のすべてであると考えがちなので、自分の内的生活を開発する禅の真の目的を忘れている。公案を数えてそれで禅研究の能事終われりと考うる傾向がある。この陥穽《かんせい》に陥った人の数は実に多く、しかしてその必然の結果は禅の腐敗と崩壊である。大慧禅師はその師圜悟が物した百の公案に関する書を焼き棄てた。それは、実は彼がこのことを懸念したからである。一百の公案は雪竇《せっちょう》（重顕《じゅうけん》・九八〇―一〇五二）によりて禅特有の音律法を以て、一々註解せられたとも、賞讃とも翫味とも思わるるものが附加せられた。それを大慧の師の圜悟は評唱し講述した。大慧は真の禅修行者であった。師がこれら抜萃につき批評を行っている際に、師の心に抱いていたことをよく察知していたのである。なおまた彼は師の百公案は以後必ず禅に対する自殺の道具となることを知っていたのである。それでそれら全部を火中に投じたのである。

しかしこの書は焼け残って今なお禅に関する主要典籍の一つとして吾々の手に残り、わからぬ点を解決する。実に禅研究の基準的な権威あるものである。今日なお禅研究において疑点解決のために繙《ひもと》かれるものである。この書は日本には『碧巌《へきがん》集《しゅう》』（碧巌録）の名で知られている。しかし門外漢にとっては封緘《ふうかん》された経典と言ってもよい。第一にその漢文は古典的のものではなく、筆致はさかんであるが、普通の読者にはわからぬ。禅文学という特種の文字に通じている者のみが漁ることが出来る。唐宋時代の俗語や文句で満たされている。第二に、その文体はこの作品に特有のもので、その思想と表現とは、普通の仏教語でもなければ、少なくとも読み慣らされた古典的文体でもない。これを予期する読者は、面喰わされるであろう。これら文学的諸難点に加うるに、『碧巌集』は当然禅的気分で満たされている。しかし禅修行者に依って公案がいかに取扱われているかを知ろうとする者は、よろしくこの書を繙くべきである。

このほか公案に関したもので、多少『碧巌集』に近似する書がある。すなわち『従容録《しょうようろく》』、『無門関《むもんかん》』、『槐安国語《かいあんこくご》』等々である。実際、語録として知られているすべての禅の著書及び多数の記録を持つ禅師達の伝記的歴史は、各種の鑑賞批評で充たされている。美術愛好家が素晴らしい作品を賞翫するような態度、方法で記されている。

ほとんどすべての師家はいずれもその語録を遺し、これが大いに禅文学として知らるるところのものを形成するに到った。仏教の哲理的研究が各種の疏註《そちゅう》・解釈・

科文《かもん》など極めて詳細をつくし、また複雑な解剖に富んでいるに対して、禅は力強い批評と、警句的提言と、皮肉なる評論を提供しているので、前者と著しい対比をなしている。禅文学の他の一つの特徴は詩に対して偏好的と言うべきものがあることで、公案は宋時代になってから、詩文的鑑賞と批判を受けるようになった。著しい例は『碧巌集』又は『従容録』において見ることが出来る。前者は雪竇自身が選択した百公案の詩文的講釈であり、後者は宏智《わんし》（正覚《しょうがく》・一〇九一—一一五七）の著書で別の公案集に同じく詩文的註釈を施したものである。禅はその表現形式を哲学よりも、詩において、より容易に見出すものである。この点でも禅は知的ではなく、知覚的直感的なものであることがわかる。禅の詩的偏好は自然避け難いものである。

ここで宋朝の二大禅師雪竇及び圜悟の共作である『碧巌集』から公案の一つを再録するも、必ずしも妥当を欠いたことではあるまい。それは百公案中の第五十五則である。

序言は圜悟の筆になるもので、専門的には垂示として知られている。次に公案そのものが掲げられており、これは所々に著語という意味強い註解めいたものを交え、第三は評唱と呼ぶ圜悟自身の講述である。第四は同じく圜悟の著語を挿入した頌《じゅ》（梵語でgāthā）という雪竇の韻《いん》を踏んだ批判評価である。最後に雪竇の詩に対する圜悟の評釈が附せられている。ゆえに全体は五つの部分より成る。初めの垂示は時々欠けたこともある。

第五十五則

◎道吾一家弔慰

一、〔垂示〕禅の奥義を極めた人は自分のうちに全真理を確認し、行くところにこれを立証する。逆流を渉って境遇を支配し、直接に事物の同一性を見極める。石を打ちてそこに発する閃光、あるいは雷光の発する瞬時において、彼は複雑錯綜せる因縁や事情をたちどころに解決する。彼は一方に虎の頭を抑えて、また一方にその尾を摑む。その態度たるや、さながら千尺の峨々《がが》たる断崖にも比すべきものがある。しかし吾々は禅師のかかる成功の絶頂を物語らずして、むしろ衆生のために真理を明示する底の直接な途行があるかないか、そのいかんを調べて見ようではないか。

二、〔本則〕道吾と漸源は、共に死者の弔いにある一家を訪れた。源は棺を拍《う》っ

て曰く、「生か、死か」と。(1)

吾、「生とも言わじ、死とも言わじ」(2)

源、「何ゆえにか言わざる」(3)

吾、「道《い》わじ、道わじ」(4)

　帰り路に、源は思案に余ったので、ついにこう言った、「オー和尚さま、何卒御《なにとぞ》話して下さい。生か、死か、私にはどうしてもわかりませぬ。どうしても道われぬとおっしゃるなら、是非なし、私はあなたを打ちますぞ」と。

吾は依然として答えて曰く、「それは貴方の勝手だ。生か、死か、道わじ、道わじ」。(5)

　そこで漸源はついに道吾を打った。

後に道吾の死んだ時、源は石霜の許に来たって、このことを告げて教えを乞うた。

石霜曰く、「生とも道わじ、死とも道わじ」。(6)

源、訊ねて曰く、「何ゆえに道わざる」と。石霜、「道わじ。道わじ」。これを聞いて、今度は源も忽ちに大悟した。

その後ある日源は鍬《くわ》を持って、法堂《はっとう》へ出かけた、しかして東から西、西から東と歩き廻っていた。(7)

石霜はこれを見て、「何をするのか」と言った。

源、「私は亡き師の霊骨を探しております」

霜、「大浪は逆巻き、海は飛沫を揚げて、空をも浸さんばかりだ。亡き師の霊骨など探しまわらんとしても、どこにも見つかるものでない」。雪竇曰く、「悲しい哉、憐れむべき哉」。(8)

源、「そこが吾が努力のしどころです」(9)

太原の孚曰く、「先師の霊骨はいまだここにある」。(10)

(以下、圜悟の著語の一部を挙げる。数字を逐って見るべし)

1何と言うか。――さあ、まだ息を吹き返さぬと見えるな。――この鈍漢は生と死との中間を彷徨《さまよ》ってある。

2龍が唸《うな》ると雲が湧き上り、虎が咆えると風が出るぞ――帽子は頭に合うように買うものだ。――老婆親切。

3失策《しくじ》った。――まったくの間違いだ。

4汚水を真向から頭へ掛けられる。――最初の一弾はさまでなかったが、第二弾は大分深いぞ。

5物事は反覆思考すべきである。――懐中を掏《す》られていないかを見よ。――気の毒にも老人は全身に泥水をあびている（これは非常な親切の意）。――最初の心はかわらぬ。

6何ともすがすがしい気持ちだ。――日常の食事でさえ賞味されることもある。

7生きかえった。――亡き師のために気を吐くに足れりか。――人に訊ねるな。――見よまたそれ一場の喜劇。

8遅い。――盗人がにげてから、弓を張ったとて何の益《やく》にたつ。――彼もまた同じ墓に葬るがよい。

9最後の結果はどうなるというのか。――亡き師は以前何を活かしたか。――徹頭徹尾この者は自己解脱《げだつ》の方法を知らなかった。

10オー弟子よ、あれを見よ。――あたかも閃電光のようだ。――これはなんという破れ草鞋か。――結局これも何かの価値のあるものである。

三、〔評唱〕道吾と漸源は死者を弔うために、ある家を訪れた。源は棺を拍《たた》いて曰く、「生か死か」と。もし吾々が直ちにこの言葉を洞察出来れば、吾々の束縛されている点が解かれるであろう。生と死の拘束から吾々を救う鍵は正にそこにあって、他のどこにもないのだ。もし吾々がこれを得ることが出来なければ、あらゆるところで道を逸しがちである。往年の禅者がいかに真面目であったかを見よ。働く時も、はたまた静坐の時も、彼らの心は常時このことに向けられていたのだ。道吾と漸源が弔問すべき家に着くや、漸源は直ちに棺を拍いて道吾に「生か、死か」と訊ねた。道吾は一瞬の猶予もなく答えた、「生とも道《い》わじ、死とも道わじ」と。漸源は彼の師の言葉を文字通りにすべり違えて考えた。従って「何ゆえに道わじか」と第二の問を発した。道吾は「道わじ、道わじ」と答えた。その心はいかばかり親切に満ちていたことか。一度誤れば、次々と誤るのである。

漸源はいまだ覚醒しなかった。両人が家路へついて、半道ばかり来た時、漸源は再び師に訊ねた、「オー師よ、何卒御話し下さい、もしお話し下さらなければ、打ちますぞ」。漸源は何もわからなかった。すなわちこれは教えても無になる親切の一例なのだ。しかし常に老婆の慈愛を持って、優しさを失わぬ道吾は答えて言った、「打つのはお前の勝手だが、言えと言っても、言えぬことは言えぬ」。

ここにおいて漸源は道吾を打った。事情はかくのごとく不幸なことになったが、しかし漸源は師に対して一籌《いっちゅう》を輸《ゆ》し得たとも言われる。道吾は衷心より弟子を啓発せんとして、自ら能う限りをつくした。それでも漸源はその意味を摑むことにみごとに失敗したのだ。自分の弟子からかく打たれて道吾は言った、「お前は暫くこの僧院を去ったがよい。もし何かの調子で事が首座《しゅそ》の耳に入りでもしたら、お前は罰せられるかも知れない」。

かくて漸源は静かに僧院を追われた。道吾は何という情に満ちた人であったろうか。後日漸源はとある小さな寺へ来たが、ここで彼は図らずも一僧の観音経を誦《ず》しているのを聞いた、「比丘《びく》の形を現して救わるべき人々に対しては、観音は比丘の形に現れて説教する」と言うのである。

漸源は忽ち省悟した。そして自語した、「実に私は誤っていた。あの当時私は師の答えをいかに重んずべきかを知らなかったのだ。これは結局単なる言葉に左右されてはならぬ事柄なのだ」。

ある昔の師家は言った、「並はずれた賢者でさえも言葉には躓《つまず》くものである」と。ある者は道吾の態度に対して知的臆測を試みて言う。彼がこれについて断然発言を拒んだ時、事実上すでに何事かを言っているのだ。しかして師のかかる態度は人を迷わし、かつ狼狽せしめるための逆行顛倒の術であると。しかしいやしくもかく解釈すべきものとすれば、彼ら衆生はいかにして心の安慰を求め得るべきか。彼らをして固き地上を歩かしめよ、必ず真理が毛髪の距たりなき彼らの附近に横たわることを知るに到るであろう。

印度の七賢婦が屍陀林《しだりん》（墓地）を訪れた時、一人が屍骸を指して言った、「屍《かばね》はここにあるがその人はここにいるか」と。年長の一人は答えた、「何か、何か」と。ここにおいて皆が一斉に無生法忍《むしょうぼうにん》を会得したと言われている。吾々は一生涯に幾度かかる事実に遭遇するであろうか。恐らく千に一度か、万に一度であろうと思われる。

その後漸源は石霜の許に来たって、上述の事柄について、心の迷いを解くために訊ねた。しかし石霜は道吾の場合と同じく「生とも道わじ、死とも道わじ」と繰り返した。源が「何ゆえにか道わじ」と求めた時、石霜はまた「道わじ、道わじ」と言った。これで源の心は始めて開けた。

ある時源は鍬を法堂へ持ち運んで彼処《あそこ》、ここと歩き廻っていた。彼の考えは師に自分の観察を示さんがためであった。師は彼の予想に違わず尋ねた、「何をしているのだ」と。源は言った、「先師の霊骨を探しております」。石霜は源の脚を薙《な》ぎ落さんとしつつ叫んだ、「大浪は逆巻き、飛沫をあげて空まで浸さんとしている。しかも汝は師の霊骨を那辺《なへん》に求めんとするか」。源はすでに先師の霊骨を探す意志を表示した。石霜の言ははたして那辺にあるのであろうか。「生とも道わじ、死とも道わじ」の意味が了解出来れば、石霜が始終胸襟を開き、全身を投げ出して、人の見るままにして、何ら隠すところなく振る舞いつつあったことが判るであろう。しかし道吾が推理を行い思案に耽ることがあれば、ついにこのことは表明の機会を見ずに了《おわ》るであろう。源の答え、「これこそ私の力を致すべきところである」というのは、彼がいまだ透脱しおらざりし時の態度に比較して、そのいかに異なるものであるかを示している。道吾の頭蓋骨は今は燦然たる金光を放ち、打たば銅鑼《どら》のごとくに反響する。雪竇のこの言葉「悲しき哉、憐むべき哉」には二様の意味があり、また太原の「先師の霊骨はなおここにあり」は要点を衝いた適評である。

　以上の事柄を一束として、この因縁について、その最も重要なる個所を指摘して貰いたい。また吾々が以て努力すべき点はいずこにありや。「一つの要点が観破さるれば、一千、否、一万の他の要点といえども忽ちに観破さるべし」との語は、人のよく記憶するところであろう。道吾の言った「道わじ、道わじ」の要点が無事に通過すれば、全世界に喋々されているあらゆる舌を沈めることが出来よう。もし無事に通過することが出来なければ、よろしく自己の部屋に退いて、禅の真理に悟入すべく努力すべきである。終日手を懐にして貴重の時間を空費するなかれ。

四、〔頌〕次に雪竇の有名な頌（梵語のガーター）と呼ばれる詩がある。このガーターには原本と同様圜悟の皮肉な言葉は所々に引用されている。しかして後全節に対してみな説明的註釈が施されているが、それは両者共読者を倦《う》ますことを恐れ、ここには省略することとした。『碧巌集』とはそもそもいかなる書であるか、または公案が仏教のこの派独特の方法を以て、いかに師家達によって取り扱われたかを窺うにはここに揚げたもので充分であると思うのである。

兎と馬とに角がある、
牛と羊とに角がない。
毫末ほどの塵もここにはない、
しかも山の聳えるごとくに巍々《ぎぎ》堂々としている。

黄金の霊骨は今もなお存在している。
白浪が滔々《とうとう》として天を浸すとき、どこに手の着けようがあるか。
着けようはどこにもない。
その昔、達磨は隻履《せきり》を下げて西へ還って行ってしまった。

禅堂と僧侶の生活

禅堂は禅が僧侶を教育するところである。禅堂がいかに規定されているかを知ることは、すなわち禅の実際と訓練の有様を瞥見することである。それは無類の制度であって、日本の禅宗派の主なる寺院の大部分がこの制度を備えている。これらの禅堂における禅僧の生活を見れば、吾々は印度における僧伽《そうぎゃ》の生活を聯想し得られる。

この制度は支那の百丈禅師によって一千年以前に創設されたものである。彼は「一日作《な》さざれば一日食わず」、すなわち働かずしては食わない、ということを自らの生活の指導原理として行った有名な高徳であった。弟子達は高齢の彼の身を気遣って、好きであった作務《さむ》の中止を願ったが、彼は度々の忠言を聞き入れなかったので、ついに彼の作務の器具を隠してしまった。すると今度は「働かざれば食わず」と言って、食事を拒絶した。かくて禅堂にあっては、通常下男の仕事だと考えられている労働が、特に禅僧生活における主要部分を成すものとさるるに至った。労働は手仕事が大部分で、主に掃除、洗濯、炊事、薪拾《たきぎひろ》い、あるいは遠近の村落に出てあるく托鉢《たくはつ》である。いかなる仕事も卑賤視されるようなことはなく、完全な同胞の親しみが僧院全般に行きわたっている。彼らは労働の神聖を信じ、いかなる肉体的労務も、普通賤しと見られているいかなる仕事も、嫌悪することなく共々励んでこれに従事する。彼らは印度に見るようないわゆる僧侶、乞食者《こつじき》のある者のように怠けものではない。

心理学的に考えれば、この筋肉労働こそ真に誂《あつら》え向きであって、その活動は瞑想の習慣から起こるところの心の鈍りに――禅は最もこの弊に陥り易い――それに対する最善の治療法であるからである。大概の宗教的隠者の苦労することは心身が一致して働かないことである。身体は心から遮断せられているし、心は身体から遮断され、別々に身体があり、心があるという風に思っており、この遮断は単なる観念上のことで仮説上のことであることを忘れている。禅修行の目的はこの最も根源的な区分を認めないことにある。身心いずれかの一方の考えを強調し易い習慣を避けるように常に気をつけることである。真の悟りは空の状態ではないが、区別的な考えのまったくなくなったところに達することにある。静かな瞑想によってしばしば生ずる心の沈滞は悟りを熟させるには何の役にも立たない。修禅《しゆぜん》に進まんと欲する人々は、究極において本来の心的活動の流動性をまったくとどめてしまわないようにいつも当然注意すべきである。これ禅の修行者が単なる「禅那」の実修に反対する所以の一つである。常に忙しく立ち働く身体は、必ずまたその心を爽快にして、これを緊張裡に置くものである。

これを道徳上より見れば、体力の消費となる労働は、一方に思想の健全さを試すものである。特に禅においてそれの真なることが窺われる。禅にありては、実際生活に何らの反映を持たぬような抽象的概念は畢竟無価値とされるのである。信念は経験を通じて獲得されるべきもので、抽象によってではない。道徳的肯定は必ず知的判断の上位に置かるべきものである。すなわち真理は人の生活経験の上に立脚しなければならぬものである。とりとめもなき空想は吾らの本領に非ずと、禅の修行者は主張する。彼らは無論静に坐して禅を修するのであるが、そのことはまた労働中に得たる教訓をすべて同化しようと希う時、当然に行われねばならぬことなのである。一方においては、彼らは終日瞑想三昧に浸ることを禁止されているのであるから、その静坐に得られた思想をすべて活動へ移すことが出来る、かくしてその有効性を現実の活動分野において試すのである。もしも寺院が労働を信じず、僧侶の血液の循環と筋肉の鍛練を計らなかったならば、禅の工夫もまたついに単なる催眠と失神誘致法の程度にまで堕落するに相違ないと私は信じる。折角、支那及び日本の師家達の努力によって収穫貯蔵されて来たすべての宝物も、まったく無価値の贅《ぜい》物《ぶつ》として捨てられることになるであろう。

次に日本で言う禅堂について述べるが、その大いさは収容する僧侶の数によって異なっているが、長方形の建物である。例を鎌倉の円覚寺《えんがくじ》にとれば、約三丈六尺と六丈五尺の建物で、三、四十名の僧侶を収容する。一人の僧にあてがわれる広さを畳一枚とし（すなわち三尺と六尺の長方形敷物）、彼はここに坐って、坐禅もやり、瞑想もやり、また夜になると蒲団を布《し》いてそこに寝るのである。蒲団は夏冬を問わず、五尺に六尺のものただ一枚が支給される。枕などはなく、各自その所有品を出して勝手に工夫して枕とする。しかしてその所有品なるものは、次のようなものだけである。一個の袈裟《けさ》と、一着の衣と、二、三冊の書物と、剃刀《かみそり》と、椀の一組、それが全部である。彼らはそれを幅一尺、長さ一尺三寸、高さ三寸半程の紙製の箱に納めて持ち歩くのである。旅行の際はこれを幅の広い釣紐のようなもので首に掛けて前へ下げる。こうしてこの全所有物は、その所有物主と共に移動するのである、「樹下石上、一衣《いちえ》一鉢《いっぱつ》」とは印度の僧侶生活をそのままに描き出した言葉であるが、これに比ぶれば、現代の僧侶は豊富な供給を受けていると言わねばならない。さらに彼の要求は最小限度に制限されているから、もし誰でもこれらの僧侶の生活を模倣するならば、必ず単純な生活——恐らくそれは世上最単純な生活——を営むことが出来るであろう。仏教によれば、所有慾は人間が陥り易き誘惑のなかで最悪なる情慾の一つとされている。事実上、この世の中にあって不幸を誘発するところのものは、所有慾に対するほとんど一般的な衝動であるのである。勢力が望まれるところから、強者は常に弱者の上に暴威を揮《ふる》い、富が望まれるところから、富者と貧者とは常に仇敵となって争う。この所有把持の慾が根絶あるいは充分に調節されざる限り国際戦争は烈しくなり、社会の不安は増すのである。しからば社会は、ついに吾々が歴史の初頭より見せつけられてきたようなものとは全然異なる基礎の上に、改築の出来ぬものであろうか。この個人的並びに国家的膨張に対する単なる慾望より来たる勢力の増有と、富の蓄積とを抑制することは出来ぬものであろうか。仏教の僧侶は人生のこのまったく不合理なることに失望して、ついに他の極端へ走ってしまった。そして人生の当然で、かつ全然無邪気な快楽をさえも振り捨ててしまったのである。そこで、はなはだ微弱なことではあるが、この僧侶の所有物を一個の小さな箱に納める禅の理想は、現代社会組織に対する、彼らが沈黙の抗争であると見てよい。

印度では僧侶は午後には決して食事を取らない。朝飯も欧米流の意味での朝飯ではない。彼らは一日、ただ一度だけ適宜な食事をする。禅僧は夕食を取らぬことになっているが、気候上の必要に迫られてこれを取るも、それは気安めのために食べるのであって、これを薬石《やくせき》と呼んでいる。薬餌《やくじ》の義である。朝飯はいまだ闇《くら》いうちに取り、それは粥と漬物とから成っている。主なる食事は午前十時頃に食べ、米(あるいは麦飯)と野菜汁と、漬物とである。午後四時に中食《ちゅうじき》の残りを食し、特別に用意するようなことはない。親切な檀家の招待を受けるか、または信者の好意によらなければ、彼らの食事は一年を通じて以上のものを出でない。貧乏と単純とが彼らの規律なのだ。

しかし禁慾主義が禅僧生活の理想と断定してはならぬ。禅はその窮極の意義に関する限り、禁慾主義でもなければ、またはその他の倫理的体系でもないからである。一般仏教の一派としての禅は、多少印度教的苦行主義訓練の欠陥を具えているから、あるいは時に抑制、または超脱の教義を鼓吹するがごとくに見えることもあろうが、それは単に外面上のことに過ぎぬのである。僧侶生活の中心思想は、与えられたる物について、それの最善の利用を計ることで、決して徒消することではない、しかしてこれはまた到るところの仏教の精神であるのである。事実、知能や、想像や、その他あらゆる心的機能は、吾々を囲繞《いにょう》するところの物的対象――吾々の体をも含むところの一切――は、吾々の所有する最高能力を充分に発揮し、向上せんために与えられているのである。それゆえに、他人の利益や権利と衝突したり、それを毀損したりするところの単なる個人的気まぐれや、慾望の満足のためではない。僧侶生活の単純と貧乏との下に横たわるところの内的思想の二、三はまずこんなものである。

食事には雲版《うんぱん》というものが鳴り、雲水《うんすい》達は各自に一組みの持鉢を持って、列を作って禅堂から出て来る。しかし彼らは指揮者が鈴を鳴らす迄は着席しない。椀は木製、または紙製の漆器で、普通に四個ないし五個からなり、相互に良く重なるようになっている。経典（心経）と「五観」の読誦が終わると、給仕の僧が飯と味噌汁とを配る。しかしいよいよ箸を取る前に、彼らは死者や、この世やかの世の生存者（人間以外の霊的存在）のために、その祝福を祈りつつ各々七粒ばかりの飯を割いて之を霊に捧げる。食事中は静粛が一堂を支配し、食器は静かに扱われ、談話は中止されて一言を発する者もない。食の追加を求める場合には、合掌で合図する。食事は彼らに取って厳粛な意味をもつ。二度目の飯を供給する時には、給仕の僧は飯《めし》櫃《びつ》をその僧の前に置く。僧は椀を取り上げて、軽くその底を撫《な》でる。給仕の手を汚さないように清めるためである。給仕が飯を盛っている間は、僧は両手を合わせている。もしそれで充分という場合には、両の掌を静かに摺《す》って、御飯でも汁でもそれで充分であることを示す。

僧らは供養された食物は余してはならぬことが規則になっている。残っている端切れでもさらえること、それが彼らの宗教であるからだ。三杯目ないし四杯目が食べ終わると、食事は終わり、指揮者は拍子木《ひょうしぎ》を敲《たた》き、給仕は湯を搬《はこ》んで来る。僧は各各その一番大きな椀にそれを充たして、他の食器をそのなかで善く洗い自分達の持って来た布切れで綺麗に拭う。次に木製の槽《おけ》が搬ばれて汚物はそのなかへ入れられる。僧は各自に自分の椀を寄せ合わせて布切れに包む。ここで食卓の上は先に精《しょう》霊《りょう》のために供えられた少しばかりの飯粒のみが残されて、再び元のように空虚となる。また拍子木が鳴る。入って来た時と同じように、僧侶達は再び列を作って静粛に食堂《じきどう》を離れる。

禅僧の作業は人のよく知るところである。屋内の研究のない日は、大抵夏は五時半頃、冬は六時半頃、朝飯の直後に僧院の庭に出ているか、しからざれば禅堂に附属の畑を耕している。後刻その一群は附近の村へ托鉢に出かける。彼らは寺院の内外を常に綺麗に整頓しておくところから、吾々が「禅宗の寺へ行ったようだ」と言えば、掃除の行き届いていることを意味する程である。禅堂には大概その檀信徒というものがついている。その人々から米や野菜が供給される。僧侶が数里の遠方に出て、南瓜や甘薯や大根を貰って、それを荷車に積み込み、田舎道を曳いて帰るのは吾々がしばしば見受けるところの光景である。彼らはまた時には山へ薪取りに出かける。また農業についても心得ている。彼らは自給生活を営まねばならぬのだから、農夫ともなり、熟練な労働者ともなり、熟練しない労働者ともなる。建築の専門家の指導の下にしばしば禅堂やその他の家屋を建てることもある。彼らは決して申し訳的なものではない。恐らく普通の労働者以上の激しき労働をやるであろう。

が、そのように働くことが彼らの宗教である。

禅僧は自治体である。彼らのなかには彼ら自身の炊事人や、監督、マネジャーや、寺守や、儀式をする人などがある。住持、すなわち師匠は禅堂の精神ではあるが、彼は直接には雲水の監督に当たらず、それは数年の試験を経て、その人格の訓練陶冶されたる年長の僧侶達がこれを担当する。禅の本領を説く時には、人はまず彼らの深遠にして捕捉しがたき禅理に驚くであろう。従ってこんな想像もあるかもしれん、曰く、禅堂裡の人々の日常の顔付きはいかにも真面目で、かつ蒼ざめた面色で、いつも頭を垂れて行き、世と没交渉であるだろうと。が、僧達は元気に生活をし、召使いの仕事を一所懸命にする普通の人間である。また彼らは快活で、諧謔《かいぎゃく》にも富み、また相互に援け合うている。教養あるゆえを以て、低いとか、無価値とか言って卑しめることは断じてない。百丈の精神は彼らの間に実現されて、彼らの能力はかくて円満なる発達を遂げ得るのである。僧侶達は、主に書物や抽象的教育から得られるところの形式的、または文字的教育を受けることはないが、禅堂生活の基礎原理は「行為による生活」であるから、彼らの修得するところは、悉く実際的で、かつまた有効的のものである。彼らは軟弱教育を蔑視して、これを病気上がりの人々に供する軟食物と見ている。

獅子は仔を産めば、三日にしてこれを絶壁に墜下し、そのよく攀上《はんじょう》し来たるや否やを試み、能わざるものはついに放棄して顧みないということが俗間に信じられている。それの真偽はさておいて、禅の師家がその弟子に対して行うところの、一見して非常識と思わるるような、様々の手段は、よくこれに似通うものがある。僧侶達はしばしばその体を温むるに充分の衣類を持たず、飢えても満足な食物も与えられず、眠るに充分なる時間もなく、さらに多くの精神的の仕事と、また多くの肉体的労働が課せられるのである。しかしこれら外部的の諸欠乏と、内面的精進《しょうじん》とが相俟って、僧侶の性格の上に働き、ついには資格の充分備わった禅師と言われる立派な品性の手本を備えるに至るのである。この無類の組織は、今もなお到るところの臨済宗の禅堂で行われており、禅堂の生活から出来るだけ多く教えを受けたいと望む傾向が今や一般にある。

しかし現代の商業主義、機械主義の無慈悲な潮流は東洋に蔓延し、残すところなく勝利を得たと言ってよいほどである。永い間取り残されたこの禅の一孤島も、いずれ遠からず汚れたる唯物主義の波濤の下に埋没し去られることであろうか。僧侶自身すらも、漸《ようや》く祖師の精神を誤ろうとしている。この僧院の教育法に改革を要すべきものがあるにしても、もし禅をして将来にわたりてその生命を保有せしめようとするならば、人生と仕事に対する高邁なる、また敬虔なる精神は保存されなければならない。

理論的に、禅は全宇宙を超越するものであって、対偶の規則によって拘束されるものではないのであるが、しかしこれはいかにも滑り易い地面で、直立して歩き得る者ははなはだ尠いのである。そして一度び足を滑らして倒れる時には、危険千万である。中世の神秘主義者のように、禅の修行者もまた平衡を失って、放浪的自由主義者となるであろう。歴史はそれの証人であり、心理学はこうした退化の過程を容易に説明し得るのである。禅の一師匠は言った、「人の理想をして毘盧遮那《びるしゃな》の冠まで高くあらしめよ、しかして彼の一生をして赤子の脚下に跪《ひざまず》くまで謙譲に充たしめよ」と。禅宗の僧院生活は細密に規定されており、些細な点に到る迄、すべて如上の精神への厳重な服従が励行されるのであって、これこそ今日まで禅が中世の神秘主義の水準まで堕落することの防止となったものである。それは禅堂の行事が禅の教訓に偉大なる影響を及ぼし来たった所以である。

唐朝の丹霞《たんか》が首府の慧林寺に泊った時、非常な寒さだったので、彼はそこにあった仏像を焚《た》いて暖をとっていた。これを見た寺守が激怒して言った。

「仏像を焚くとは怪《け》しからん」

丹霞は何か探すように灰を掻き廻しながら、「焼けた灰から舎利を拾いたいんだ」。

寺守は「何だと木仏を焚いたって舎利が有るはずはないじゃないか」と言った。丹霞が答えた。「もしこのなかに舎利がなければ、残りの二体の仏像も焼こうか」と。

寺守は丹霞のこの不信仰に抗議したため、その後自分の眉毛を失ったとの話である。しかし丹霞には何の罰《ばち》も当たらなかった。

私はこの話の史的正確性については疑いを挟むものであるが、これはとにかく有名な話だ。多くの禅師は仏陀を瀆《けが》したと思われる丹霞の精神的教養については、認めている。ある僧が丹霞の仏像を焼いた精神について、その師に訊すと、その師は答えた、「寒ければ、吾々は炉辺に行くのは当たり前だ」。

「それなら彼の行為は過っておりましょうか、それとも正しいのでしょうか」

「暑ければ吾々は川の辺りの竹藪へ行く」と。

醇乎《じゅんこ》たる禅の立場より見て、丹霞の真価がどうあろうとも、普通の見地からすれば、彼の行為ははなはだしき謗仏であることは疑いを容れない。かくのごときことは敬虔な仏教徒の皆避くべきところのものである。いまだ禅を充分に解していない者は、種々様々な過誤や罰当たりの行為を、禅の名においてさえもなすのである。それゆえ禅院の規律はわれらの心の奥にある我執の慢性がなくなり、謙譲の盃から最後の一滴迄も飲み干されるように厳重を極めている。

明《みん》朝の袾宏《しゅこう》（一五三二―一六一二）が僧侶の「十善行」について書物を執筆していた時、独りよがりの一僧がやって来て言った。「禅に褒むべき、また褒むべからずなど言うことは、微塵もないのに、そんな書物をお書きになる理由があるのですか」と。袾宏は、「五蘊はもつれている、四大はあばれている、どうして邪悪がないと言えるか」と答えた。僧はなお言い張った、「四大は畢竟空、五蘊また実在ではないのです」と。袾宏は忽然として僧の顔に一掌を与えた。そして曰く、「学問だけの人間は腐る程いる。お前もいまだ真物《ほんもの》でない。今一度何か言って見よ」と。しかして僧は何らの答えも出来ずに、大変に怒って出て行こうとした。袾宏は微笑して言った、「ソラ、それを言うのだ。なぜ自分の顔の汚れを拭かないのだ」と。禅の修行には輝かしい洞察の力が、深い謙遜と柔和の心と、相俟って行われなければならぬのだ。

僧院生活には、絶対的に必要な場合を除いて、まったく手仕事に煩わされることのない僧侶の精神的訓練のために時期が特に設けられている。この時期は大接心《だいせっしん》と言われるもので、夏安居《げあんご》及び冬安居《とうあんご》という季節に行われて、いつも一週間つづくのである。ところによりて違うけれども、大体、夏安居は四月に始まり八月に終わり、一方冬安居は十月に始まり翌年二月に終わる。接心とは、「心の集中あるいは統制」を意味するものである。接心会《え》のつづく間は僧侶は禅堂内に禁足されて、朝は常よりも夙《はや》く起き、夜は晩《おそ》く迄坐禅をつづける。毎日提唱というものが開かれる。教科書は主に『碧巌集』もしくは『臨済録』・『無門関』・『虚堂録《きどうろく》』・『槐安国語』等が用いられる。『臨済録』は臨済宗の創始者の説教や問答を編輯したものである。『碧巌集』はすでに述べたように百の公案を集めたので、註釈・解釈・批評というようなものから成っている。『無門関』もまた公案を集めたもので四十八則の禅に対する特異なる註解である。『碧巌集』よりは簡単である。『虚堂録』は宋代の虚堂（智愚《ちぐ》）禅師の語録や詩偈《しげ》やその他のものから成っている。虚堂は大応国師（南浦紹明《なんぽしょうみょう》）の師匠でその禅の系統は日本において今もなお繁栄しているのである。『槐安国語』は大燈国師（宗峰妙超《しゅうほうみょうちょう》）の教えや古徳達の批判的註釈句を白隠が編輯したのである。こうした書物は、普通の読書にとってはobscurum per obscurius（不可解中の不可解）に過ぎぬであろう。講演を聴き終わっても、禅の真理に対する心眼を開かない限り、わからぬ者はなお依然として五里霧中の迷路に置かれてあるであろうが、その不可解は必ずしも難解というわけではなく、聴講者がなお相対的観念の堅い殼に被《おお》われているからである。

接心会の開催中、提唱のほかに参禅というものがある。参禅とは弟子が師の許に行き公案に対する意見を述べて、その批判的検討を仰ぐことである。普通の場合には参禅は日に二回行われるが、特に設けられたる「精神集中」（すなわち接心）の期間には、僧は日に四、五回師匠と会見しなければならない。この会見は個人的に行われて、一人一人師の部屋へ行き、その部屋で儀式的に荘重な態度で行われる。僧侶は師の室の閾《しきい》を跨《また》ぐ前に、まず、平伏して三回礼をする。次に部屋に入るには両の掌を胸の前に合わせて進み、師匠に近づいた時、坐してさらにもう一度平伏して礼をする。この儀礼が済むと、もはや形式の上の挨拶は行われないが、禅の見地からして必要な場合には、撃ち合いの行われることさえもある。しかし誠心誠意を以て禅の真理を挙揚せんとするのが、師と弟子との唯一の意図であって、その他はすべて第二位の注意事項に過ぎぬのである。会見が済むと、僧侶は先に入って来た時と同じ荘重な儀礼を以て退出する。この参禅は師匠にとってもまた尋常ならぬ辛抱であらねばならぬ。すなわち三十名の僧侶を相手にする一回の参禅は、最も厳格なる注意を要する一時間以上の緊張だからである。

禅の理解については、師匠に対して絶対の信頼を持たねばならない。しかしもし弟子が師匠の見解を疑うに充分の基礎があると自信する場合には、彼は参禅の際に個人的にこれを解決することが出来る。ゆえにこの意見の提出は師匠にとってもまた弟子にとっても決して遊びごとではないのである。それは実に最も真摯な事柄であって、またそれゆえに禅の訓練に大いなる精神的価値が存するわけでもある。それの実例として日本現代の臨済禅の創始者である白隠の一挿話について考えて見よう。

ある夏の夕、白隠がその意見を提出するために、簷側《えんがわ》で涼んでいた老師家の許へやって来た。すると老師は「馬鹿言うな」と、どなりつけた。白隠はまたこれに応じて、大声に、「馬鹿言うな」と叫んだ。師匠はいきなり白隠を捕らえた。そして彼の耳朶《じだ》をしたたか打って簷側から突き落した。雨が降っていたので白隠は泥水のなかに顛《ころ》んだ。彼は身を起こして再び簷側まで来て、恭《うやうや》しく礼をした。師匠は彼を見て、「穴倉住まいの禅坊主め」と言った。

またある日白隠は師匠が自分の見解の深さをまったく認めていないのだと思い、一つ問答を試みようと決心した。その時が来て彼は師匠の部屋へ到り、今度こそとばかり秘術をつくしてやり合った。師匠は猛然と襲いかかった。そして彼を摑むが早いか、数回打ちすえた揚句《あげく》、簷先から突き落した。白隠は顛倒して数尺距てた石垣の下に倒れて、半意識状態となって、暫らくは起き上がりもしなかった。師匠は上からこれを眺めて愉快そうに笑うのであった。その声は彼を呼び覚ました。彼は汗みどろになって師のところへ来た。が、師はなお仮借しない。再び罵った、「穴倉住まいの禅坊主め」と。

白隠は絶望の状態に陥った。老師をも捨ててここを去ろうかと思った。ある日村を托鉢していると不図《ふと》した事件が起こった。それは突如として禅の真理に対する彼の眼を開いた。今迄隠れていた禅の真理を完全に摑んだ。彼の喜びは制し難きものがあり、得意な心持で師匠下に帰って来た。彼が門に入る前に何事が彼に起こったかということを知っていて、師匠は手招きをしてこう言った、「今日はなにか芽出度《めでた》いことでもあったかい、サアお入り、早く早く」と。白隠は途上に起こった一部始終を報告すると、禅師は彼の背を撫でて言った、「今度こそはお前は解ったのだ。とうとう解ったのだ」と。この時限り師匠は白隠に対して先頭の悪口は言わなくなった。

現代日本の禅の父祖も実にこうした訓練を経たのであった。白隠を石垣の下へ投げつけた正受は、なんという苛酷な老人であったろうか。しかし彼の弟子がひどい取扱いを受けた後、意気揚々と帰って来た時の彼は、またなんという優しい人であったろう。事実禅には微温的のものはないのだ。微温的のものならば禅ではないのである。禅は人が真理の深底に到達することに期待する。そして真理は、人が知的あるいはその他すべての外観的粉飾を脱ぎ捨てて、本来の赤裸に帰ることによって、初めて摑《は》むことの出来るものである。正受によってなされた一掌は白隠の幻覚と不誠意を剝いで行ったものだ。そして吾々の最奥の自我とは、真に何の関係もない幻覚や、不誠意のいくつもの箱のうちに住んでいるのである。ゆえに弟子達がこの最奥の自我に到達して、真乎に禅の知識を獲得せんがために、禅の師匠達はしばしばこうしたまったく一見不人情な方法に訴えるのであった。その方法はごく控え目に言うも親切があるとは思えないものだ。

禅堂生活には公立学校に見るような、定まった卒業の時期などはない。二十年間もそこにおりながら卒業の出来ぬ者もあるが、普通の能力と堅忍不抜の精神を以てすれば、十年以内によく禅のすべての教訓の深所に通達することが出来るであろう。しかし人生の時々刻々に禅の原理を実行すること、すなわち禅の精神にまったく没入することは別の問題である。人の一生は恐らくあまりに短きに過ぎるであろう。釈迦や弥勒といえどもまだ自己訓練の半ばを出ていないと言われているからである。

円満具足の禅師となるには、単に禅の真理を解しているというだけでは充分でない。いわゆる「聖胎長養《しょうたいちょうよう》」として知られる期間を通過して来なければならぬのである。この語は元々道教から出たものに相違ないが、今日禅ではこれを広義に用いて悟りと調和した生活を意味する。相当な師匠の指導の下に修行すれば、僧侶はついには禅の秘密について完全の知識を獲得するであろう。しかしそれは最高の意義においてではあるが多少知的のものである。僧侶の生命は内外共に知識と完全の一致にならなければならない。これを行うにはまた一段の訓練を必要とする。つまり彼が禅堂で得たところのものは、ただわずかに彼の最上の努力が今後なおどこに向かって注がるべきかを指示するに過ぎないからである。しかし彼はもはや禅堂にとどまることは強要されない、却ってむしろ彼の知的造詣は実際の世の中と活潑に接触して試練を受けなければならぬのである。かの「長養または成熟」に対しては、勿論何らの規定は設けられていない。各自は人生に偶発する諸事項に対して自らの所見によって行動しなければならない。彼は山中に退いて世捨人の生活を営むこともあろう。あるいは市場に出て来たって、社会の一切の事件に、活潑に参与することもあるであろう。

六祖（慧能）は五祖（弘忍）の許を辞して、十五年の間山中に住まったと言われる。彼が初めて印宗《いんしゅう》和尚の講話を聴きに出た時までは、世間はまったく彼の存在を知らなかった。忠国師は南陽に四十年住まい、都へ出たことは一度もなかったが、しかも彼の聖名は遠近に伝わり、皇帝の熱心な求めに応じて漸くその庵を去るに至った。潙山は数年荒野に住まい、胡桃《ことう》を食し、猿や鹿を相手に暮らしていた。しかし彼はついに見出された。彼のために大僧院が建築され、彼は千五百人の僧の頭となった。京都の妙心寺の開山、関山（慧玄）は始め美濃の地方で隠遁生活をなし、村人のために日傭いの働きをしていた。ある日の出来事で彼の人物が分かり、宮廷から京都にこの大寺院を建てるように言われる迄は、何人も彼を知る者はなかった。白隠も始めは駿河の古寺の住職であった、それが彼の唯一の財産であった。吾々が次の個所を読む時に、吾々はその寺の荒廃の程度を窺うことが出来る。「屋根はこわれていたので、夜になると星の光がさし込む。それから床板もなかった。それで本堂で何かが行われる時、雨の日でもあるものなら、傘をさして下駄ばきであった。寺に所属の什物《じゅうもつ》などは悉く借金の形《かた》に取られてしまっていた。坊さんのものも商人の手に抵当に入れられていた」

禅の歴史は、隠遁生活の後、再び世に出て来て働いた大師家達について、なお多くの例に富んでいる。それは禁慾主義の実行ではなく、すでに指摘したように、人の道徳的品性を「成熟させる」のである。多くの蛇と毒蛇とは入口に待っている。徹底的に踏み殺してしまわなければ、それらが再び首を擡《もた》げて来ると幻想の上に建てられた道徳的教養の全建築は脆《もろ》くも一日のうちに倒壊してしまうであろう。無法主義《アンチノミヤニズム》もまた禅の信者にとっては、一つの陥穽であって、不断の注意を要するものである。

禅堂で行われるこの種の僧院教育が、ある点において、時勢後れであることは疑うべくもないが、生活の単純化や、制慾や、瞬時をも怠惰に過さぬことや、自己独立《セルフ・インデペンデンス》や、いわゆる隠徳《シイクレット・ヴァーチュー》なるものや、こうした指導原理は、どの地方へ行っても、またいつの時代になっても、健全なものである。特に最後の隠徳の概念の真理は、禅の訓練としてその紛れなき特徴であるのである。それは物を取扱う上においてそのものの持ち能う限りをつくさしめ、その徳を充分に実現せしむることとである。すなわちそれは与えられる物は、すべて完全に、経済的に充分使用することを意味する。これを宗教的の言葉で言うならば、自分自身と周囲の世界とに対して、最も感謝的な、最も敬虔的な、心構えを持つことである。そうしてこれにより一切の行動を規制して行くことである。それは報酬や我慢の考えを捨てて善を善のために行うことを意味する。小児が水に溺れている。私が水中に飛び込む。そして小児が救われる。ただそれだけのことである。なさねばならぬことがなされたのだ。私は歩み去る。そして後を向かない。そしてそのことはもはや私の考えにはないのだ。雲が飛び去って、空はまた元の通りに青く広くなる。禅はこれを「報酬なき行為」（無功用《むくゆう》または無功徳）と呼ぶ。そして雪を以て井戸を埋めんとする人の仕事に譬えるのである。

キリストは言った、「なんじ施しをする時、右の手のなすことを左の手に知らするなかれ。かくのごとくするはその施しの隠れんがためなり」と。これは仏教の隠徳である。しかしこの記事を読んで行くと、「隠れたるに見たもう爾《なんじ》の父は明顕に報いたもうべし」とある。吾々はそこに仏教と基督教との間に深い亀裂のあるのを見るのである。吾々の行為を知り、報酬をなすこと——たといそれが神であろうとも、または悪魔であろうとも、何かのものがあることの思考される間は、禅は言うであろう、「お前はいまだ吾々の仲間ではない」と。こうした思慮の産物であるところの行為には、足跡や影が残るので、もし吾々の行為を絶えず見守るところの霊があるならば、それはいずれ吾々を捕らえて、その行為に対して報酬を与えるであろうが、禅にはそうした霊などはないのである。完全の衣類は、内部にも外部にも縫い目がないのである。それは完全な一枚布で、何人もいずこよりその仕事が始められたか、またはいかにして織られたかを知ることが出来ない。このゆえに、禅にあっては善事を行った後に自惚《うぬぼれ》や自己讃美の意識が残っていてはならぬのである。まして報酬などは、たといそれが神からのものであっても、考えてはならぬのである。

支那の哲人列子はこれについて彼の心境を次のように明瞭に述べている。「吾は始め何でも心の思うままに勝手に考えた。口ではまた何でも喋舌《しゃべ》った。それから『此《これ》』が自分のか、『此でない』のが他人のかというそんな分別もなくなった。これが自分の損なのか他人の得なのかそれも忘れた。自分の先生は誰であり、自分の友達は誰であるかも忘れた。私は内も外も、徹底して変化を覚えた。それからというものは、目が耳のようになり、耳が鼻に、鼻が口になった。この同一性は到るところに実現して来た。心が一つに集中すると形態は融け去った。骨も肉も解消した。自分の体を支えているのは何か、自分の足の蹈《ふ》んでいるところはどこか、どれもわからなくなった。自分はただ風の動くように、東へ西へと動いた、枝を離れた木の葉のように。自分は風に乗っているのか、風が自分に乗っているのかわからなかった」と。

独逸《ドイツ》の神秘主義者タウラーはこの種の徳を称して「貧乏」と言った。絶対の貧乏とは、彼の定義によれば、「誰がお前に借りがあるか、またお前に対して何事か負うところがあるか、そんなことをまったく忘れることだ。死という旅行の最期に来ると、吾らは何もかも忘れるがそのように忘れることだ」。

基督教では、「神の中に生き、また動き、またあることを得るなり」と言うけれども、彼にありては、神の意識が強過ぎるように思える。禅は出来得るならば、この最後の神の意識の痕跡が抹殺しつくされることを欲する。禅の師匠が「仏陀のいるところにとどまるなかれ、仏陀のおらざるところを速やかに去れ」と注意するのは、これゆえである。禅堂における僧侶のあらゆる訓練は、実行の上にも、理論の上にも、すべてこれ「無報酬」（無功用、または無功徳）の原理を基礎とするこの考えは支那人によりて次のごとく詩的に表現されている。

「竹の影は石段の上に動いている。あたかもそれを掃《はら》うようだが、塵一つも払い去られぬ」

「月は深き淵の底までも、その影を宿すが、水の上には、透入の痕だに見えぬ」

何と言っても、禅は、畢竟ずるに、個人の内的経験にほかならぬのである。もし何かが根本的に経験的であると呼ばれ得るならば、それは禅である。書物を読むことも、教えることも、瞑想することも、それだけでは、一人の禅者となることが出来ない。生命そのものを流れの真中において捉えねばならない。研究や分析のために、流れを止めることは、生命を殺すことである。そこには抱擁するに冷たい死骸だけが残る。ゆえに禅堂における色々の事件や弟子の教育のすべての細目は、この思想を最も役に立たせるように定められている。全東洋の仏教史を通じて、日本・支那における諸分派の間にありて、禅宗が特殊の位置を維持したことは、疑いもなく、禅堂として知られている制度に負うていると見るべきであろう。

解説

禅思想の歴史

仏教の歴史は、禅の思想とその実践の歴史である。釈尊が菩提樹の下で悟りを開いた時には坐禅をしていた。つまり坐って禅を行っていた。坐禅して己れと己れを取り巻く自然とのかかわりを観察し、ものの存在は相依相関しているという縁起のダルマ（真理）を発見した。六年間、種々の修行を実践したなかで、釈尊独自の禅修行を通して、このダルマは発見されたのである。

このダルマにもとづく教えが後世に継承され、伝播されて種々の仏教思想が生まれたが、それらの思想の基本は、禅修行を通して悟りを得ることにあった。紀元前一世紀頃に興ったインドの大乗仏教では、（1）現象界は空であると観察した空観《くうがん》思想、（2）心理的作用の深奥には阿頼耶識《あらやしき》があり、これがあらゆる行動を起動し、世間は展開していると観察した唯識《ゆいしき》思想、（3）あらゆる生類《しょうるい》にはブッダになる可能性があると観察した仏性《ぶっしょう》思想などの代表的な思想が展開されたが、これらはみな禅修行によって説かれた。また、密教思想も禅修行を通して説かれた。

このように、仏教思想は禅修行を抜きにしては説かれていない。禅修行は坐禅だけではなかった。原始仏教・仏典には、行住坐臥に禅修行すると説かれていて、なかでも、長時間、安定した状態で実践できる坐禅が修行の中心となったのである。

禅思想は、後漢（二五—二二〇年）頃に、中国へ伝来したと言われている。禅思想関係の経典の翻訳が盛んになり、それらに書かれている禅修行を実践するものが多くなった。さらに東晋前期（三一七—三六八年）になると、禅修行を行う仏教僧が輩出した。東晋後期（三六九—四二〇年）時代になると、それまでの禅思想を超える修行法を記述した経典を鳩摩羅什《くまらじゅう》という偉大な翻訳者が漢訳したことから、これらの経典を中心にした禅思想が中国仏教界に広く伝播していった。

四七〇年頃に菩提達磨《ぼだいだるま》というインド僧が渡来して、新たな禅思想を中国へ伝えたと言われる。この禅思想を受け継いだ弟子たちは菩提達磨を第一祖と仰ぎ、のちの第六祖慧能《えのう》までを直系とする法統が生じた。慧能以後、禅の流れは二つに分かれる。

唐や宋の時代には禅宗が成立し、隆盛となって、学問や芸術などにも多大な影響を与え、独特な禅文化を生んだ。この時代から中国には、インドのそれとは異なった独自の禅思想が生まれた。禅宗はその勢力を増しながら、やがて五家七宗に流れを分かつことになる。

中国におけるこのような動きは、当然わが国へもおよび、鎌倉期から江戸初期にかけて、中国に興った禅は栄西・道元・隠元らによって日本に招来された。鎌倉・京都を中心に日本に根づいた禅思想は、中国での動きと同様、学問、建築、芸術、茶道などにも影響を与えて禅文化を生んだが、それは中国のものとも異なる日本独自のものであった。栄西・道元・隠元らが日本に移植した禅思想は、それぞれ臨済宗・曹洞宗・黄檗《おうばく》宗として現在に伝わっている。

著者について

鈴木大拙博士は臨済宗の居士で、禅をはじめて海外に紹介した功労者であり、近代・現代を代表する学者である。石川県金沢市の出身で、第四高等中学校から東京専門学校（現在の早稲田大学）を経て、東京帝国大学哲学科専科に進んだ。東京帝大在学中、鎌倉円覚寺の今北洪川、釈宗演の二人について禅を学び、大拙の道号を受けている（本名は貞太郎）。

明治二十八年（一八九五）、ドイツ生まれのポール・ケーラス著『仏陀の福音』を英訳し、明治三十年に渡米してからは、ケーラスが主宰する「オープン・コート社」

の編集部員となり、『老子道徳経』『大乗起信論』などをケーラスと英語で共訳した。また『大乗仏教概論』や『禅と日本文化』などの英文書を著している。これらの著・訳書を通して欧米の人々に禅思想を紹介し、東洋の思想に関心の目を向けさせた功績は大きい。

その後十二年ぶりに帰国した博士は、一時期学習院に奉職したが、学習院時代は中等・高等学校の教師であったり、寮長などであったりして、明治四十二年九月から大正十年（一九二一）三月まで教鞭を執っていた。実は、博士は明治四十二年八月三十一日付けの辞令によって、三十八歳にしてはじめて定職を得たのである。そして大正十年春、佐々木月樵らの招きで大谷大学に移り、教授となった（学習院時代の行状については、花園大学禅学研究会発行『禅学研究』第八二号所収の「学習院時代の鈴木貞太郎大拙」を参照されたい）。

大谷大学教授に就任してまもなく、博士は大谷大学内に「イースタン・ブディスト・ソサエティ」を設立し、妻ビアトリスの協力を得て、英文季刊誌「イースタン・ブディスト」を創刊し、以後二十年の長きにわたり、この雑誌を刊行し続けた。

博士は、昭和八年（一九三三）にインド大乗仏教の如来蔵思想の真髄を表す「楞伽《りょうが》経《きょう》」を研究した学位論文『楞伽経の研究』で文学博士号を取得している。昭和十一年

（一九三六）には外務省嘱託の日英交換教授として渡英し、オックスフォード、ケンブリッジのほかいくつかの大学で「禅と日本文化」について講義した。

昭和二〇年には、実業家安宅弥吉の寄附を得て、鎌倉東慶寺に禅書の保存や出版を目的とする財団法人松ヶ岡文庫を設立。同二十二年には学士院会員となり、二十四年に文化勲章を受章した。博士の業績は、『鈴木大拙全集』全三〇巻・別巻二巻（岩波書店）に収められている。

本書について

本書は、「序」にも述べられているように、もとは大谷大学の「イースタン・ブディスト・ソサエティ」から昭和九年に英文で刊行されたものである。時に鈴木博士は六十四歳であった。それから六年後、博士が七十歳の時に、この邦訳が大東出版社から刊行された。

本書の原題は *An Introduction to Zen Buddhism* となっているが、訳された題名は「禅学入門」である。邦訳は *Zen Buddhism* が「禅学」となっていて、これから禅を学ぼうとする「入門」者にとってはすこし堅い感じを受けるので、そのまま「禅仏教」と訳したほうがよかったのかもしれない。

本書は、題名どおり禅仏教の入門書である。明快な文章で、一気に読み終えることができる。そして、著者が読者に何を伝えようとしているのかが明確に読みとれるすばらしい入門書と言える。前述したとおり、鈴木大拙博士が六十四歳の時の著作であるだけに、禅に関する知識ばかりでなく、深い学殖と円熟した教養、豊富な経験を持つ人が語る人生観が禅思想を通して垣間見られ、読む者は重厚な内容に感銘を受けることと思う。

私は、「禅の目的」「禅と禅那の関係」「禅における悟り」等の解釈について、鈴木博士と必ずしも同じ見解を有する者ではないが、読者のために、本書から学んでほしい点をいくつか指摘しておきたい。

一、「禅」の語は古代インド語であるサンスクリット語でディヤーナといい、これを音訳して禅那、あるいは禅思などと漢訳し、「那」や「思」が脱落して「禅」が独立した。原語の意味は、「静かに考えること（静慮）」である。禅は本来己れや己れを取り巻く自然を静かに観察する行法であった。

これに関して著者は、伝統的な禅修行といわゆる中国的「禅」とは異なると言い、前者を禅那、後者を「禅」とことばの上で使い分けて、インド仏教の禅那は恍惚や失心に類する境地を求める行法であり、「禅」はそれとは異質であると言う。禅那には悟りがないが、「禅」には悟りがあるとも言う。「禅には想を集中すべき対象がない。それは空に漂う雲である。留めるに釘なく、捉えるに紐なく、好むがままに流れて行く。いかに瞑想しても禅を一個所にとどめておくことは出来ぬ」（二七頁）とか、「心または精神の真性に到達することが禅仏教の根本目的であるのである。ゆえに禅は普通瞑想や禅那以上である」（二六頁）とし、「禅」は瞑想ではないと断言している。これは静慮、いわゆる悟りを求めるための行法の基本である禅那の行法を頭から否定する考え方である。このような分け方、捉え方はインド仏教学者とは立場を異にするところである。

二、著者は、伝統的仏教で常識となっている教義や行法や考え方は「禅」とはかかわりがない、「禅は自ら仏教であることを主張する。しかし経典や論釈やのなかに示されているような仏徒の教訓は、……一片の反故《ほご》に過ぎぬのである。しかしこれを以て禅を虚無主義と思ってはならぬ」（二三頁）と言い、さらに「禅を自然主義、自由主義、放埒無軌道性などいうものと混同してはならぬ」（一〇七頁）と言う。また、伝統文化を重んじたり、戒律に縛られたりすることがなく、経典を崇拝して修行するのでもないと論じていて、とにかく、何物にも縛られない姿勢を「禅」のあり方としている。

では、「禅」は何を行動の基本としているのだろうか。

著者は端的に「何にも拘《こだわ》らないことである。すべての不自然の妨害からの離脱である」（二七頁）と述べる。あらゆるこだわりを捨てること、常識や教義や伝統やしがらみなどによって分別したり、判断したり、想像したり、評価したりしない心の働きを持ち続けることが「禅」だと言う。卑近な例を引けば、「火を温かく、氷を冷たく感ずること」（二八頁）が「禅」であり、あらゆる概念化を嫌う生き方であると言う。それは当たり前のことを当たり前に受けとめることである。それ以上のことをするとこだわりとなるからである。「禅」はものを「ありのままに見ること」（二九頁）で、それをそのまま受け入れること、感じることを通して一切のものを己れと一つにする生き方であるとしている。

また、己れの計らいがあってはならない、煩悩が求めることのために努力しようと、己れを前に出してはならない、努力の跡が見えるようなら、それは「禅」の生き方ではないとして、「鳥が空を飛び、魚が水に游《およ》ぐように生活されねばならない。努力の跡が現わるるや否や、人は直ちに自由の存在を失う」（六八―六九頁）と述べている。

要するに日常生活を営むなかで、そこに現れるさまざまな事実を、そのまま、こだわりなく、己れの煩悩の計らいによる努力もなく、感じるままに生きること、「最も平凡な、そして最も平穏な、普通人の生活裡に」（三五頁）生きるのが「禅」の生き方であるとしている。

三、ごく普通の日常生活を営むなかに「禅」の生き方はあると著者は述べている。そうであれば、禅僧が特別な場所で坐禅を中心とした修行生活を行う目的は何か。これについて著者は「禅修行の目的は事物の観察に対する新見地を獲得すること」（一一一頁）、つまりそれまでなかった世界を発見することであり、それは悟りだと言う。

「それは物の見方に対して新しき見地を獲得することである。……悟りを得なければ、何人も禅の真理に入ることは出来ない。……悟りは人がその全心全体を消耗しつくしたと思う時に、不意に来るものである。これを宗教的に言えば、新生であるし、知的には新見地の獲得である」（一一三―一一四頁）。

悟りを得るために修行すると言う。日常の俗生活のなかでの心の持ち方によって「禅」は実感できるかもしれないが、「禅」は悟りを求めることにあり、「禅」の真理に帰入することを目的とするならば、日常の俗事を離れた修行が必要となるであろう。

その「禅」の修行は新生、つまり新しく生まれ変わることを目的とすると言う。これは新しい己れの発見でもあろう。今まで見えなかった己れと己れの生きている世界、この二つの正体を発見することである。その心境はただ本人のみが知り得るところであり、その悟りを得た者たちだけの間でしか知ることができないようだ。著者は「禅は悟りを開いていない人に対しては、説明でも論議でも伝え得られない経験である。もし分析が出来るものとすれば、そうすることによって、悟りを知らない人にも完全に明らかになし得られるが、それはもう悟りではない」（一一七―一一八頁）と述べている。

悟りとは何かという、読者が最も知りたいことを詳細に説明した「悟り――新見地の獲得――」と題する章を、ぜひ熟読されることをお奨めしたい。

はじめは欧米人向けの英文の入門書であった本書が、日本語の文庫版として刊行されることは喜ばしいことで、多くの人々に広く読まれることを願っている。

駒澤大学教授
田上太秀

KODANSHA

本書は、一九四〇年に大東出版社から刊行された同名の書を文庫化したものである。文庫化にあたっては原文の尊重を原則としたが、著作権者の諒解を得て、明らかな誤植等について訂正を施すとともに、現代仮名遣いに改め、難読の文字は適宜振り仮名を加えるか、仮名表記にかえた。また、できる限り表記の統一をはかり、現代の一般表記に改めた。本書には「支那」等、今日では使用を控えるべき用語が使用されている箇所があるが、原文尊重の原則、著者（故人）が差別助長の意図をもって当該の用語を使用しているわけではないこと、および本書の原本が刊行された当時の社会状況等を考慮し、発表時のままとした。

（編集部）

鈴木大拙（すずき　だいせつ）

1870年，金沢市生まれ。本名貞太郎。東京帝大文科大学哲学科選科修了。学習院教授，大谷大教授。日本学士院会員。文化勲章受章，朝日文化賞，タゴール生誕百年賞受賞。英文著作40余冊，『鈴木大拙選集』全26巻，『鈴木大拙全集』全32巻があり，講談社学術文庫に『一禅者の思索』がある。1966年没。

講談社学術文庫

定価はカバーに表示してあります。

禅学入門《ぜんがくにゅうもん》

鈴木《すずき》大拙《だいせつ》

2004年7月10日　第1刷発行
2025年4月17日　第24刷発行

発行者　篠木和久
発行所　株式会社講談社
東京都文京区音羽 2-12-21 〒112-8001
電話　編集（03）5395-3512
販売（03）5395-5817
業務（03）5395-3615
装　幀　蟹江征治／山岸義明
印　刷　株式会社ＫＰＳプロダクツ
製　本　株式会社国宝社

Printed in Japan

ISBN4-06-159668-3

「講談社学術文庫」の刊行に当たって

これは、学術をポケットに入れることをモットーとして生まれた文庫である。学術は少年の心を養い、成年の心を満たす。その学術がポケットにはいる形で、万人のものになることは、生涯教育をうたう現代の理想である。

こうした考え方は、学術を巨大な城のように見る世間の常識に反するかもしれない。また、一部の人たちからは、学術の権威をおとすものと非難されるかもしれない。しかし、それはいずれも学術の新しい在り方を解しないものといわざるをえない。

学術は、まず魔術への挑戦から始まった。やがて、いわゆる常識をつぎつぎに改めていった。学術の権威は、幾百年、幾千年にわたる、苦しい戦いの成果である。こうしてきずきあげられた城が、一見して近づきがたいものにうつるのは、そのためである。しかし、学術の権威を、その形の上だけで判断してはならない。その生成のあとをかえりみれば、その根は常に人々の生活の中にあった。学術が大きな力たりうるのはそのためであって、生活をはなれた学術は、どこにもない。

開かれた社会といわれる現代にとって、これはまったく自明である。生活と学術との間に、もし距離があるとすれば、何をおいてもこれを埋めねばならない。もしこの距離が形の上の迷信からきているとすれば、その迷信をうち破らねばならぬ。

学術文庫は、内外の迷信を打破し、学術のために新しい天地をひらく意図をもって生まれた。文庫という小さい形と、学術という壮大な城とが、完全に両立するためには、なおいくらかの時を必要とするであろう。しかし、学術をポケットにした社会が、人間の生活にとってより豊かな社会であることは、たしかである。そうした社会の実現のために、文庫の世界に新しいジャンルを加えることができれば幸いである。

一九七六年六月

野間省一

哲学・思想・心理

2616
中野孝次著
ローマの哲人　セネカの言葉
死や貧しさ、運命などの身近なテーマから「人間となる術」を求め、説いたセネカ。その姿はモンテーニュやアランにもつながる。作家・中野孝次が、晩年に自らの翻訳で読み解いた、現代人のためのセネカ入門。

2627
渡辺公三著（解説・小泉義之）
レヴィ＝ストロース　構造
現代最高峰の人類学者の全貌を明快に解説。ブラジルへの旅、ヤコブソンとの出会いから構造主義誕生を告げる『親族の基本構造』出版、そして『野生の思考』を経て『神話論理』に至る壮大な思想ドラマ！

2630
鷲田清一著
メルロ＝ポンティ　可逆性
独自の哲学を創造し、惜しまれながら早世した稀有の哲学者。その生涯をたどり、『知覚の現象学』をはじめとする全主要著作をやわらかに解きほぐす著者渾身のモノグラフ、決定版として学術文庫に登場！

2633
エドワード・S・リード著／村田純一・染谷昌義・鈴木貴之訳（解題・佐々木正人）
魂《ソウル》から心《マインド》へ　心理学の誕生
心理学を求めたのは科学か、形而上学か、宗教か。「魂」概念に代わる「心」概念の登場、実験心理学の成立、自然化への試みなど、一九世紀の複雑な流れを整理しつつ、心理学史の新しい像を力強く描き出す。

2637
野矢茂樹著（解説・古田徹也）
語りえぬものを語る
相貌論、懐疑論、ウィトゲンシュタインの転回、過去、知覚、自由……さまざまな問題に豊かなアイディアで切り込み、スリリングに展開する「哲学的風景」。著者会心の哲学への誘い。

2640
田中美知太郎著（解説・國分功一郎）
古代哲学史
古代ギリシア哲学の碩学が生前刊行した最後の著作。著者の本領を発揮した凝縮度の高い哲学史、より深く学びたい人のための手引き、そしてヘラクレイトスの決定版となる翻訳――哲学の神髄がここにある。

《講談社学術文庫　既刊より》

哲学・思想・心理

2706
武内義雄著（解説・浅野裕一）
中国思想史
孔子・老荘・墨子ら諸子百家から、四書五経の研究を深めた経学の伝統、道教・仏教・儒教の相互交渉、朱子学の成立、清代考証学の成果まで。中国哲学の二千年を一人の学識の視野で一望した、唯一無二の中国思想全史。

2716
檜垣立哉著（解説・杉山直樹）
ベルクソンの哲学　生成する実在の肯定
「生の哲学」を提唱したアンリ・ベルクソン。旧来の哲学を根底から批判し、転覆させたその哲学は、ドゥルーズの革新的な解釈によって蘇った。全主要著作を誰よりもクリアかつ精密に解説する、最良のガイド。

2720
大西克智著
『エセー』読解入門　モンテーニュと西洋の精神史
『エセー』を読むことは、モンテーニュを読むことであり、人間が紡いできた精神の歴史そのものを読むことである――文庫版で全六冊に及ぶ分量をもち、錯綜した構成をもつ名著をその背景とともに完全解説する。

2722
中島隆博著
荘子の哲学
古今東西の『荘子』研究を渉猟。自己と世界の変容を説く「物化」思想をその可能性の中心として取り出し、現代の西洋哲学と突き合わせることで、荘子の思索を新たな相貌の下に甦らせる。新時代の標準たる読解の書。

2728
木村　敏著（解説・渡辺哲夫）
異常の構造
「日常性」が解体するとき、人間は、そして社会はどうなるのか？　稀代の精神病理学者の名を世に広く知らしめるとともに、社会精神医学的な雰囲気を濃く帯びていることで、ひときわ異彩を放つ不朽の名著！

2738
田中久文著
九鬼周造
理性と感情、東洋と西洋、男と女、偶然と必然……幾多の対立に引き裂かれた生の只中で、日本哲学の巨星は何を探究したのか。生い立ちから主著『「いき」の構造』『偶然性の問題』まで、思索の全過程を辿る決定版！

哲学・思想・心理

2768
松永澄夫著
日常性の哲学　知覚する私・理解する私
〈私〉が物を知覚し、出来事を理解するとはいったいどういうことだろうか？　日常生活を支えている物の知覚と出来事の理解を具体的な事例とともにやさしい言葉でしなやかに描き出す。

電P

2782
村田純一著
技術の哲学　古代ギリシャから現代まで
「技術とは何か？」「技術といかに付き合うか？」――数千年の人類史を辿りつつ、普遍かつ喫緊の問題の核心へと迫る。自然や社会に開かれた技術の多次元的性格を明らかにする、泰斗による決定版・入門書！

電P

2783
曹操著／渡邉義浩訳
魏武注孫子
千八百年受け継がれた兵法の「スタンダード」、そのテキストは「三国志」の曹操が校勘したものだった。英傑たちが戦場において孫子の思想をいかに具体化させたかを分析する「実戦事例」を併載した、画期的全訳！

電P

2785・2786
長谷川　宏著
日本精神史（上）（下）
日本とは何か？　美術、思想、文学などを徹底的に読み解く。縄文時代の巨大建造物から江戸末期の『東海道四谷怪談』まで。日本の思想と文化を「精神」の歴史として一望のもとにとらえたベストセラーの文庫化！

電P

2796
ピエール＝ジョゼフ・プルードン著／伊多波宗周訳
所有とは何か
「所有とは盗みである」という衝撃的な命題を提示した社会哲学の古典中の古典。激化する格差社会に向けて今こそ読むべき名著を半世紀ぶりに新訳。来たるべき理想の社会とは何か、どうすれば実現できるのか？

電P

2801
中村　元著
インド思想史
『リグ・ヴェーダ』からウパニシャッド、ジャイナ教、仏教、ヒンドゥー教、近代のガンジーに至るまで三〇〇〇年にわたる多様な思想を簡潔にあますところなく描く。世界的インド哲学、仏教学者による至高の概説書。

電P

人生・教育

523

小堀桂一郎訳・解説

森鷗外の『智恵袋』

文豪鷗外の著した人生智にあふれる箴言集。世間へ船出する若者の心得、逆境での身の処し方、朋友・異性との交際法など、人生百般の実践的な教訓を満載。鷗外研究の第一人者による格調高い口語訳付き。

527

サミュエル・スマイルズ著／中村正直訳（解説・渡部昇一）

西国立志編《さいこくりっしへん》

原著『自助論』は、世界十数ヵ国語に訳されたベストセラーの書。「天は自ら助くる者を助く」という精神を思想的根幹とした、三百余人の成功立志談。福沢諭吉の『学問のすゝめ』と並ぶ明治の二大啓蒙書の一つ。Ⓟ

567

新渡戸《にとべ》稲造《いなぞう》著（解説・佐藤全弘）

自警録《じけいろく》 心のもちかた

日本を代表する教育者であり国際人であった新渡戸稲造が、若い読者に人生の要諦を語りかける。人生の妙味はどこにあるか、広く世を渡る心がけは何か、全力主義は正しいのかなど、処世の指針を与える。

568

橋本左内《さない》著／伴　五十嗣郎全訳注

啓発録《けいはつろく》 付　書簡・意見書・漢詩

明治維新史を彩る橋本左内が、若くして著した『啓発録』は、自己規範・自己鞭撻の書であり、彼の思想や行動の根幹を成す。書簡・意見書は、世界の中の日本を自覚した気宇壮大な思想表白の雄篇である。

577

貝原益軒著／伊藤友信訳

養生訓《ようじょうくん》 全現代語訳

大儒益軒は八十三歳でまだ一本も歯が脱けていなかった。その全体験から、庶民のために日常の健康、飲食飲酒色欲洗浴用薬幼育養老鍼灸など、四百七十六項に分けて、噛んで含めるように述べた養生の百科である。

594

宇野哲人全訳注（解説・宇野精一）

大学

修己治人、すなわち自己を修練してはじめてよく人を治め得る、とする儒教の政治目的を最もよく組織的に論述した経典。修身・斉家・治国・平天下は真の学問の修得を志す者の熟読玩味すべき哲理である。

人生・教育

595
宇野哲人全訳注（解説・宇野精一）
中庸《ちゅうよう》

人間の本性は天が授けたもので、それを〝誠〟で表し、「誠は天の道なり。これを誠にするは人の道なり」という倫理道徳の主眼を、首尾一貫、渾然たる哲学体系にまで高め得た、儒教第一の経典の注釈書。

735
宮本武蔵著／鎌田茂雄全訳注
五輪書

一切の甘えを切り捨て、ひたすら剣に生きた二天一流の達人宮本武蔵。彼の遺した『五輪書』は、時代を超えて我々に真の生き方を教える。絶対不敗の武芸者武蔵の兵法の奥儀と人生観を原文をもとに平易に解説。　電 P

742
洪自誠《こうじせい》著／中村璋八・石川力山訳注
菜根譚《さいこんたん》

儒仏道の三教を修めた洪自誠の人生指南の書。菜根とは粗末な食事のこと。そういう逆境に耐えてこそこの世を生きぬく真の意味がある。人生の円熟した境地、老獪極まりない処世の極意などを縦横に説く。

852
小泉信三著（解説・阿川弘之）
平生《へいぜい》の心がけ

慶応義塾塾長を務め、「小泉先生」と誰からも敬愛された著者の平明にして力強い人生論。「知識と智慧」など日常の心支度を説いたものを始め、実際有用の助言に富む。一代の碩学が説く味わい深い人生の心得集。

935
金谷　治著
孔子

人としての生き方を説いた孔子の教えと実践。二千年の歳月を超えて、今なお現代人の心に訴える孔子の魅力とは何か。多年の研究の成果をもとに、聖人ではない人間孔子の言行と思想を鮮明に描いた最良の書。

985
P・G・ハマトン著／渡部昇一・下谷和幸訳
知的生活

生き生きとものを考える喜びを説く人生哲学。時間の使い方・金銭への対し方から読書法・交際法まで自己を磨き有用の人物となるための心得万般を伝授。学識だけでない全人間的な徳の獲得を奨める知的探求の書。

宗教

531
内村鑑三著（解説・山本七平）
キリスト教問答

近代日本を代表するキリスト教思想家内村鑑三が、信仰と人生を語る名著。「来世は有るや無きや」などキリスト教の八つの基本問題に対して、はぎれよく簡明に答えるとともに、人生の指針を与えてくれる。

533
友松圓諦著（解説・奈良康明）
法句経《ほっくきょう》講義

原始仏教のみずみずしい感性を再興し、昭和の仏教改革運動の起点となった書。法句経の名を天下に知らしめるとともに、仏教の真の姿を提示した。混迷を深める現代日本の精神文化に力強い指針を与える書。

547
暁烏《あけがらす》敏《はや》著（解説・松永伍一／暁烏照夫）
歎異抄《たんにしょう》講話

本書は、明治期まで秘義書とされた『歎異抄』をはじめて公衆に説き示し、その真価を広く一般に知らしめた画期的な書である。文章の解釈、さらに種々の角度からの解説により、『歎異抄』の真髄に迫る。

550
友松圓諦著（解説・友松諦道）
仏教聖典

釈尊の求道と布教の姿を、最古の仏典を素材にして格調高い文章で再現した仏教聖典の決定版。全日本仏教会の推薦を受け、広く各宗派にわたって支持され、全国にあまねくゆきわたった、人生の伴侶となる書。

555
凝然大徳《ぎょうねんだいとく》著／鎌田茂雄全訳注
八宗綱要《はっしゅうこうよう》
仏教を真によく知るための本

仏教の教理の基本構造を簡潔に説き明かした名著。凝然大徳の『八宗綱要』は今日なお仏教概論として最高のものといわれている。その原文に忠実に全注釈を加えた本書は、まさに初学者必携の書といえる。

639
酒井得元《とくげん》著（解説・鎌田茂雄）
沢木興道《さわきこうどう》聞き書き
ある禅者の生涯

沢木興道老師の言葉には寸毫の虚飾もごまかしもない。ここには老師の清らかに、真実に、徹底して生きぬいた一人の禅者の珠玉の言葉がちりばめられている。近代における不世出の禅者、沢木老師の伝記。

《講談社学術文庫　既刊より》

宗教

679
法句《ほっく》経《きょう》
友松圓諦著（解説・奈良康明）

法句経は、お経の中の「論語」に例えられる釈尊の人生訓をしるしたお経。宗教革新の意気に燃え、人間平等の人格主義を貫く青年釈尊のラジカルな思想を、四百二十三の詩句に謳いあげた真理の詞華集である。

690
神の慰めの書
M・エックハルト著／相原信作訳（解説・上田閑照）

「脱却して自由」「我が苦悩こそ神なれ、神こそ我が苦悩なれ」と好んで語る中世ドイツの神秘思想家エックハルトが、己れの信ずるところを余すところなく説いた不朽の名著。格調高い名訳で、神の本質に迫る。

707
禅と日本文化
柳田聖山《せいざん》著

禅とは何か。禅が日本人の心と文化に及ぼした影響、またその今日的課題とは何か。これら禅の基本的テーゼが明快に説かれるとともに、禅からの問いかけとして〈現代〉への根本的な問題が提起されている。

717
参禅入門
大森曹玄《そうげん》著（解説・寺山旦中）

禅を学ぶには理論や思想も必要であるが、実践的には直接正師につくことが第一である。本書は「わが修道の記録」と自任する著者が、みずからの体験に照らして整然と体系化した文字禅の代表的な指南書。

756
般若心経《はんにゃしんぎょう》講話
鎌田茂雄著

数多くのお経の中で『般若心経』ほど人々に親しまれているものはない。わずか二六二文字の中に、無限の真理と哲学が溢れているからである。本書は字句の解釈に捉われることなく、そのこころを明らかにした。

785
正法眼蔵随聞記《しょうぼうげんぞうずいもんき》講話
鎌田茂雄著

学道する人は如何にあるべきか、またその修行法や心構えについて生活の実際に即しながら弟子の懐奘に気骨をこめて語った道元禅師。その言葉を分かりやすく説きながら人間道元の姿を浮彫りにする。

宗教

827
鎌田茂雄著
華厳《けごん》の思想
限りあるもの、小さなものの中に、無限なるもの、大いなるものを見ようとする華厳の教えは、日本の茶道や華道の中にも生きている。日本人の心に生き続ける華厳思想を分り易く説いた仏教の基本と玄理。

877
井筒俊彦《いづつとしひこ》著（解説・牧野信也）
マホメット
沙漠を渡る風の声、澄んだ夜空に縺れて光る星々。世に無道時代と呼ばれるイスラーム誕生前夜のアラビアの美しい風土と人間から説き起し、沙漠の宗教の誕生を描く。世界的に令名高い碩学による名著中の名著。

902
石田瑞麿《みずまろ》著
教行信証《きょうぎょうしんしょう》入門
浄土の真実の心を考えるとき、如来の恵みである浄土に生まれる姿には、真実の教えと行と信とさとりがあるという。浄土真宗の根本をなす親鸞の「教行信証」を諄々と説きながらその思想にせまる格好の入門書。

919
鎌田茂雄著
維摩経《ゆいまぎょう》講話
維摩経は、大乗仏教の根本原理、すなわち煩悩即菩提《ぼんのうそくぼだい》を最もあざやかにとらえているといわれる。在家の信者の維摩居士が主役となって、出家者の菩薩や声聞を相手に、生活に即した教えを活殺自在に説き明かした。

944
鏡島元隆《かがみしまげんりゅう》著
道元禅師語録《どうげんぜんじごろく》
仏法の精髄を伝えて比類ない道元禅師の語録。道元の思想と信仰は、「正法眼蔵」と双璧をなす「永平広録」に最も鮮明かつ凝縮した形で伝えられている。思慮を傾けた高度な道元の言葉を平易な現代語訳で解説。

980
道元著／中村璋八・石川力山・中村信幸全訳注
典座教訓《てんぞきょうくん》・赴粥飯法《ふしゅくはんぽう》
典座とは、禅の修行道場における食事を司る役をいい、赴粥飯法とは、僧堂に赴いて食事を頂く作法をいう。両者の基本にあるものこそ真実の仏道修行そのものと説く。食と仏法の平等一如を唱えた道元の食の基本。

《講談社学術文庫　既刊より》

宗教

2649

暗殺教団　「アサシン」の伝説と実像

バーナード・ルイス著／加藤和秀訳（解説・青木　健）

「山の老人」は実在したのか？　敵対者の暗殺を厭わない神秘主義的教団として伝説化したイスラームのシーア派イスマーイール派、その歴史的実像を、のちに中東学の権威となった著者が丹念に追う定番解説書。

2667

メッカ　イスラームの都市社会

後藤　明著

カーバ神殿を擁する巡礼地・メッカ。七世紀初頭、アラビア半島の名もなき岩地が、なぜ〈聖地〉となったのか。ムハンマドの生涯、『コーラン』「ハディース」を通して、イスラーム精神の本質に迫る。

2672

大乗仏教の誕生　「さとり」と「廻向《えこう》」

梶山雄一著（解説・今枝由郎）

ゾロアスター教を源泉とする阿弥陀仏信仰と、自己の功徳を他者に振り向ける廻向の論理、そして「空《くう》の思想」。救いのない業報の束縛から人間を解放する、恩寵と救済の宗教＝大乗仏教はこうして生まれた。

2687

日本人の死生観

五来　重著（解説・岡本亮輔）

人は死んだら、まず怨霊になる――。仏教伝来以前の霊魂観が息づく根源的な「庶民の死生観」を掘り起こした宗教民俗学のエッセンス。「ハラキリ」や殉死など、武士道ばかりが日本人の死生観ではない！

2708

人格《ペルソナ》の哲学

稲垣良典著

「人格《ペルソナ》」とは、自立した唯一独自の個であるだけでなく、他者との交わりにおいて自己を実現し、完成する主体である――。神学・哲学を渉猟し、真の人間理解を通してあらゆる存在の価値を基礎づける、著者畢生の書。

2717

儒教・仏教・道教　東アジアの思想空間

菊地章太著

儒・仏・道の〝ごたまぜ〟、それが私たち東アジア人の宗教だ！　この不思議な思想空間は、なぜ、いかにして成り立っているのか。死生観、自然認識、民間信仰……矛盾と調和に満ちた世界を「習合」の視点で楽しむ！

仏教の古典

1444
歎異抄
梅原　猛全訳注（解説・杉浦弘通）
大文字版
流麗な文章に秘められた生命への深い思想性。悪人正機、他力本願を説く親鸞の教えの本質とは何か。親鸞の苦悩と信仰の極みを弟子の唯円が書き綴った聖典を、詳細な語釈、現代語訳、丁寧な解説を付し読みとく。
電P

1445
栄西　喫茶養生記
古田紹欽全訳注
大文字版
日本に茶をもたらした栄西が説く茶の効用。中国から茶の実を携えて帰朝し、建仁寺に栽培して日本の茶の始祖となった栄西が著わした飲茶の効能の書。坐禅時に眠けをはらう効用から、茶による養生法を説く。

1479
般若心経
金岡秀友校注
大文字版
「般若心経」の法隆寺本をもとにした注釈書。「般若心経」の経典の本文は三百字に満たない。本書は法隆寺本梵文と和訳、玄奘による漢訳を通して、その原意と内容に迫る。仏教をさらに広く知るための最良の書。
電P

1622
正法眼蔵随聞記
山崎正一全訳注
道元が弟子に説き聞かせた学道する者の心得。修行者のあるべき姿を示した道元の言葉を、高弟懐奘が克明に筆録した法語集。実生活に即したその言葉は平易で懇切丁寧である。道元の人と思想を知るための入門書。

1645～1652
正法眼蔵（一）～（八）
道元著／増谷文雄全訳注
禅の奥義を明かす日本仏教屈指の名著を解読。魂を揺さぶる迫力ある名文で仏教の本質を追究した『正法眼蔵』。浄土宗の人でありながら道元に深く傾倒した著者が繰り返し読み込み、その真髄は何かに肉迫する。

1768
道元「小参《しょうさん》・法語・普勧坐禅儀《ふかんざぜんぎ》」
大谷哲夫全訳注
仏仏祖祖の家訓をやさしく説く小参。仏道の道理を懇切に述べた法語。只管打坐、坐禅の要諦と心構えを記した普勧坐禅儀。真剣勝負に生きた道元の思想を漢文体の名文で綴った『永平広録』巻八を丁寧に解説する。